Grapevine

LA CITATION DU JOUR

Livre

365 passages inspirants tirés des
pages du AA Grapevine

Livres publiés par Grapevine AA, Inc.

Grapevine

LA CITATION DU JOUR

Livre

365 passages inspirants tirés des
pages du AA Grapevine

New York, New York
WWW.AAGRAPEVINE.ORG

PRÉAMBULE DES AA

Les Alcooliques anonymes sont
une association de personnes
qui partagent entre eux leur
expérience, leur force et leur
espoir dans le but de résoudre leur
problème commun et d'aider
d'autres alcooliques à se rétablir. Le désir
d'arrêter de boire est la seule
condition pour devenir membre des AA.
Les AA ne demandent ni cotisation
ni droit d'entrée ; nous nous finançons
par nos propres contributions.
Les AA ne sont associés à aucune secte,
confession religieuse ou politique,
à aucun organisme ou établissement;
ils ne désirent s'engager dans aucune
controverse; ils n'endossent et ne contestent
aucune cause. Notre but premier est
de demeurer abstinents et d'aider d'autres
alcooliques à le devenir.

© AA Grapevine, Inc.

BIENVENUE

Ce livre réunit les 365 premières « Citations
du jour » du AA Grapevine, qui ont
commencé à paraître en juin 2012.
Les citations - écrites par des membres des
AA, dont plusieurs par nos cofondateurs -
ont été sélectionnées par les employés du
Grapevine. Ces passages tirés des pages du
Grapevine sont extraits d'histoires et autres
soumissions de membres. Beaucoup
d'entre eux se trouvent maintenant dans
les recueils thématiques du Grapevine.
Chaque citation du jour est accompagnée du
titre du récit dont elle provient, de la date
d'édition originale, ainsi que de l'endroit où
elle a été écrite. Au bas de chaque page
est indiqué le titre du livre du Grapevine
dans lequel la citation figure également.
(Les titres sont indiqués en français lorsque
les traductions sont disponibles.)

Nous espérons que vous prendrez plaisir à
lire ces partages d'expérience, de force et
d'espoir et qu'ils vous accompagneront dans
votre quotidien.

JANVIER

1er JANVIER

« *Vous êtes chez vous ici* »

TULSA, OKLAHOMA, AVRIL 1988

« Si vous avez le désir d'arrêter de boire, peu importe que vous soyez chrétien, bouddhiste, juif, musulman, athée, agnostique ou autre. La porte des AA est large. Entrez. »

Extrait du livre *Spiritual Awakenings*

2 JANVIER

« *Lent à apprendre* »
MIAMI, FLORIDE, MARS 1962

———

« Tout ce que j'avais à faire était de me poser une simple question : "Suis-je, oui ou non, impuissant devant l'alcool ?" Je n'avais pas besoin de me comparer ou de comparer mon expérience avec qui que ce soit, il me suffisait de répondre à cette simple question. »

———

Extrait du livre *Step By Step*

3 JANVIER

« *La facette spirituelle des AA* »

RÉVÉREND SAMUEL M. SHOEMAKER
PITTSBURGH, PENNSYLVANIE, OCTOBRE 1955

———

« C'est en laissant la vérité se manifester,
et en menant votre vie à la poursuite
de votre propre conception de
la vérité, que les choses se mettent à
changer. »

———

Extrait d'un article du *AA Grapevine*

4 JANVIER

« Une chandelle d'espoir »

CLEVELAND, OHIO, AVRIL 1991

———

« Le chemin du rétablissement
spirituel et émotionnel ... peut prendre
bien des directions : beaucoup de
réunions, de lectures, de discussions avec
des membres des AA, de groupes
de discussion, de psychothérapie,
et le début du partage. Les clés semblent
être l'écoute et le partage — la spiritualité
à l'œuvre. »

———

Extrait du livre *Spiritual Awakenings*

5 JANVIER

« Ce que signifie pour moi un éveil spirituel »

JACKSON HEIGHTS, NEW YORK, AVRIL 1956

———

« Dans mon cœur s'élève à
toute heure un chant de gratitude pour
ma sobriété qui ne fait que grandir, une
véritable porte ouverte à la vérité
intemporelle. »

———

Extrait du livre *Spiritual Awakenings*

6 JANVIER

« L'œil du cyclone »

OKLAHOMA CITY, OKLAHOMA, DÉCEMBRE 1992

———

« Les AA sont spirituels, c'est l'œil
du cyclone, mon refuge et ma source
de réconfort. (...) Merci aux AA
d'accueillir les cœurs brisés et les âmes
meurtries. »

———

Extrait du livre *Spiritual Awakenings*

7 JANVIER

« Pourquoi les Alcooliques anonymes sont anonymes »

COFONDATEUR DES AA, BILL W., JANVIER 1955

———

« Nous nous rendons bien
compte aujourd'hui que l'anonymat
personnel total devant le grand
public est aussi essentiel à la survie des
AA que l'abstinence totale
l'est à la survie de chaque membre. »

———

Extrait du livre *Le Langage du cœur*

8 JANVIER

« Changement de comportement »

NEW YORK, NEW YORK, JANVIER 2006

————

« Si je ne prends pas un verre,
une myriade de possibilités s'ouvre
à moi. (...) Qui sait ? Aujourd'hui
est peut-être le meilleur jour
de ma vie. »

————

Extrait du livre *Beginners' Book*

9 JANVIER

« *Allumer la lumière* »

RIVERSIDE, ILLINOIS, AOÛT 1977

———

« Les Étapes me seront utiles à tous les stades de mon rétablissement. »

———

Extrait du livre *Spiritual Awakenings*

10 JANVIER

« *Les AA et l'obstacle religieux* »
NEW YORK, NEW YORK, SEPTEMBRE 1977

———

« Je me rends compte qu'il est possible
de croire en une Puissance supérieure,
à l'efficacité de la prière et de la
méditation, à un contact conscient avec
une Puissance supérieure puisque ces
idées — comprises ou non — sont
suggérées par le programme
des AA, sans perdre
la moindre miette de ma précieuse
identité. »

———

Extrait du livre *Spiritual Awakenings*

11 JANVIER

« Comment "Garder ça simple"? »

COFONDATEUR DES AA, BILL W., JUILLET 1960

———

« Nous nous contentons d'organiser nos
principes pour qu'ils soient
mieux compris et nous continuons
d'organiser nos services pour que
le sang des AA puisse être transfusé
à ceux qui autrement mourraient. Cela
résume tout ce qu'il y a comme
"organisation" chez les AA. Il ne pourra
jamais y en avoir plus. »

———

Extrait du livre *Le Langage du cœur*

12 JANVIER

« *La soif spirituelle* »

LOS ANGELES, CALIFORNIE, AOÛT 1965

———

« Je ne pense pas avoir bu pour m'enivrer,
mais toujours
pour rechercher dans le prochain
verre cette paix dont
une âme malade semble assoiffée. »

———

Extrait du livre *Spiritual Awakenings*

13 JANVIER

« *L'unité signifie rarement que nous sommes tous d'accord* »

SPRINGVILLE, UTAH, JANVIER 1998

———

« L'unité signifie rarement que nous sommes tous d'accord sur tout. Mettre de côté nos inquiétudes et nous conformer à l'opinion majoritaire (ou à une bruyante minorité) n'aide pas non plus à l'unité. (…) L'unité est établie en écoutant tous les points de vue (…) et il est temps pour tous de s'écarter des réponses émotionnelles (…) de considérer les questions avec prudence et de prier pour ce qui servira au mieux les groupes et les AA dans leur ensemble. »

———

Extrait du livre *I Am Responsible*

14 JANVIER

« *Une chandelle d'espoir* »
CLEVELAND, OHIO, AVRIL 1991

———

« Chaque jour, des alcooliques désespérés et démunis arrivent dans des réunions des AA, s'accrochent à un espoir, et s'avancent sur le chemin du renouvellement de leur esprit. »

———

Extrait du livre *Spiritual Awakenings*

15 JANVIER

« *Voyage de l'Esprit* »

ALBUQUERQUE, NOUVEAU-MEXIQUE, AVRIL 1984

———

« Je suis reconnaissant envers les membres des AA de m'avoir appris à vivre sobre. Cependant, j'ai appris beaucoup de choses d'autres sources. La douce brise dans l'herbe lors d'une chaude journée d'été m'a appris le calme. Mes animaux m'ont appris l'amour inconditionnel. Mes enfants m'ont enseigné à m'émerveiller devant le monde. J'ai appris que toute chose possède un pouvoir immense. »

———

Extrait du livre *Spiritual Awakenings*

16 JANVIER

« *Contact conscient* »

WEST SPRINGFIELD, MASSACHUSETTS, AVRIL 1990

———

« Le Dieu que je connais aujourd'hui (...)
est une présence dans laquelle je me
retrouve, tel que je suis. »

———

Extrait du livre *Spiritual Awakenings*

17 JANVIER

« *Se sentir chez soi dans un groupe d'attache* »

NEW YORK, NEW YORK, MAI 1997

———

« Au cours de ma carrière de buveur, je ne pensais qu'à la fuite. Je pouvais faire ma valise et disparaître en un clin d'œil. À présent (...) je prends le risque de rester en place, de continuer à être présent et de voir ce qui arrive. »

———

Extrait du livre *Beginners' Book*

18 JANVIER

« *Apprendre à gérer la sobriété* »

CONNECTICUT, MARS 1975

———

« Les AA ne nous enseignent pas comment gérer notre consommation; ils nous enseignent comment gérer notre sobriété. »

———

Extrait d'un article du *AA Grapevine*

19 JANVIER

« *Les "règles" sont dangereuses, mais l'unité est vitale* »

COFONDATEUR DES AA, BILL W., SEPTEMBRE 1945

―――――

« Par conséquent, lorsque nous nous tournons vers l'avenir, nous devons toujours nous demander, nous, membres des AA, si cet esprit qui nous unit dans notre cause commune demeurera plus fort que les ambitions et les désirs personnels qui tendent à nous séparer. (...) Les Douze Étapes de notre programme ne nous ont jamais été imposées par la force. Elles ne s'appuient sur aucune autorité humaine. Pourtant, elles créent un lien puissant entre nous, parce que la vérité qu'elles contiennent nous a sauvé la vie et nous a fait entrer dans un monde nouveau. »

―――――

Extrait du livre *Le Langage du cœur*

20 JANVIER

« J'avais perdu la guerre ! »
TORONTO, ONTARIO, NOVEMBRE 1952

———

« Il y a quelques temps de cela un
conférencier a dit qu'il était inutile
d'admettre que l'on était alcoolique
sauf si l'aveu était accompagné
d'une réalisation de ce qu'être un
alcoolique signifiait réellement. (...)
Il a dit qu'il était inutile que je fasse
mon aveu même dans la pleine
réalisation de ce qu'il signifiait, à
moins d'accepter sans ressentiment
le fait que j'étais un alcoolique. »

———

Extrait du livre *Step By Step*

21 JANVIER

« *Conscience* »

VIETNAM, SEPTEMBRE 1974

———

« Tous les tourments proviennent
de ce profond et déchirant sentiment que
l'on devrait être différent de ce que l'on
est. (...) Si nous pouvions accepter
entièrement qui nous sommes et ce que
nous sommes (en perpétuel changement),
nous pourrions progresser dans
l'immensité silencieuse du moment
présent. »

———

Extrait du livre *Spiritual Awakenings*

22 JANVIER

« *Planifier sans prédire* »
OCTOBRE 1992

―――

« Alors que le monde chaotique de l'alcoolique est remplacé peu à peu par un monde de stabilité dans la sobriété, il devient apparent que des plans peuvent être élaborés afin d'encourager un mode de vie positif. Par exemple : planifier des vacances, des rendez-vous chez le dentiste et le budget du ménage. Nous ne pouvons pas prédire que ce seront les meilleures vacances de notre vie, qu'il n'y aura pas de rage de dent, ou que notre sort financier demeurera le même. Nous faisons des plans, et non des prédictions. »

―――

Extrait d'un article du *AA Grapevine*

23 JANVIER

« Une prière en cadeau »
NOVEMBRE 1967

———

« Je recherche la force non pas d'être
supérieur à mes frères, mais de pouvoir
combattre mon plus grand ennemi :
moi-même. »

———

Extrait du livre *Spiritual Awakenings*

24 JANVIER

« *La question de la peur* »

COFONDATEUR DES AA, BILL W., JANVIER 1962

———

« Sachons toujours aimer chez
les autres ce qu'il y a de mieux, et ne
jamais craindre ce qu'il y a de pire. »

———

Extrait du livre *Le Langage du cœur*

25 JANVIER

« *Les Douze Concepts* »

COFONDATEUR DES AA, BILL W., PUBLIÉ DANS
GRAPEVINE, SEPTEMBRE 1990

« Pourtant nous devrions toujours être conscients que changement ne veut pas nécessairement dire progrès. Il ne fait pas de doute que chaque nouvelle vague de travailleurs, dans les services mondiaux, sera tentée d'essayer toutes sortes d'innovations susceptibles, bien souvent, de n' engendrer guère plus qu' une pénible répétition d' erreurs antérieures. (...) Et, s'il arrive qu'on fasse quand même des faux pas, les Concepts pourront s' avérer le moyen tout indiqué pour recouvrer sans danger un équilibre opérationnel qu'on pourrait, autrement, mettre des années de cafouillage à redécouvrir. »

Extrait d'un article du *AA Grapevine*

26 JANVIER

« *Pas en feu* »

MESA, ARIZONA, MARS 2010

———

« Il doit exister une chose envers quoi
éprouver de la reconnaissance, et
je peux la trouver si je suis prêt à modifier
mon comportement et à me mettre
à sa recherche. »

———

Extrait du livre *Emotional Sobriety II*

27 JANVIER

« Un labyrinthe de demi-mesures »

ROCHESTER, MICHIGAN, AVRIL 1986

———

« Il m'a fallu deux ans pour comprendre
que si je n'arrivais nulle part, c'est que
j'étais trop pressé. »

———

Extrait d'un article du *AA Grapevine*

28 JANVIER

« *Conscience* »

VIETNAM, SEPTEMBRE 1974

« Exigences, espoirs, convoitises
et désirs nous lient à l'horreur statique
et à l'extrême futilité d'un passé
à jamais disparu et d'un futur qui ne
vient jamais. Ne rien désirer -
savoir que nous ne pouvons
rien faire arriver — mène à une joie
intérieure et extérieure, à un
épanouissement total. »

Extrait du livre *Spiritual Awakenings*

29 JANVIER

« *J'avais perdu la guerre !* »
TORONTO, ONTARIO, NOVEMBRE 1952

———

« Il était inutile de me demander pourquoi ou quand j'étais devenu alcoolique, tout simplement parce que cela ne changerait en rien ma condition; même si je trouvais la réponse, je serais toujours un alcoolique. »

———

Extrait du livre *Step by Step*

30 JANVIER

« *Des outils pour la vie* »

NEW YORK, NEW YORK, JANVIER 2006

———

« Lorsque je suis saisi par la crainte d'un
avenir incertain et que toutes mes
prédictions sont négatives, je fais ce que
mon parrain m'a appris à faire. J'agite
les orteils et je reviens à la sûreté du
moment présent. »

———

Extrait du livre *Beginners' Book*

31 JANVIER

« Un petit secret pour une vie heureuse »

NOVEMBRE 1946

———

« Demain ne nous appartient que lorsqu'il devient aujourd'hui. »

———

Extrait du livre *Beginners' Book*

FÉVRIER

1er FÉVRIER

« *Subjugué par la raison* »
LONDRES, ANGLETERRE, FÉVRIER 1997

———

« Ces jours-ci, je trouve que rien n'est aussi précieux que ma raison. Avant, j'étais accroc au drame et je ne pouvais fonctionner que lorsque j'étais agité et sujet à de hauts niveaux d'adrénaline. C'est très différent aujourd'hui. (...) Tout est très ordinaire et raisonnable, et je n'échangerais ça pour rien au monde. »

———

Extrait du livre *Spiritual Awakenings*

2 FÉVRIER

« *Deuxième Tradition* »

COFONDATEUR DES AA, BILL W., JANVIER 1948

———

« (Au sein des AA) nous n'exerçons
aucune autorité par la force. Puisque
chaque membre possède nécessairement
une conscience sensible et attentive, et
puisque l'alcool punit sévèrement celui
qui retombe dans l'erreur, nous
découvrons que nous n'avons pas
vraiment besoin de règles humaines. »

———

Extrait du livre *Le Langage du cœur*

3 FÉVRIER

« *Paradoxes de la sobriété* »

KEEGO HARBOR, MICHIGAN, JUIN 1998

« Les AA m'ont enseigné que je suis l'architecte de mon propre succès ou bonheur. La qualité de ma sobriété est entre mes mains — elle sera ce que je veux qu'elle soit. »

Extrait du livre *Beginners' Book*

4 FÉVRIER

« *Spiritualité* »
ALVA, OKLAHOMA, JANVIER 1952

———

« Les Douze Étapes ne sont pas des étapes à prendre progressivement une à une dans le but d'arriver à une conclusion, elles sont plutôt un guide pour vivre — le code d'un mode vie. »

———

Extrait d'un article du *AA Grapevine*

5 FÉVRIER

« *Un approvisionnement à vie* »

KATMANDU, JUILLET 1995

« Si je lâche prise simplement
d'un défaut — que je le relâche — ma
Puissance supérieure le remplacera
par un atout. En relâchant ma
colère, je me découvre plus amical.
En relâchant ma haine, je deviens
plus aimable. En relâchant ma
peur, je me sens plus sécurisé. »

Extrait du livre *Beginners' Book*

6 FÉVRIER

« *Les communications des AA franchissent tous les obstacles* »

COFONDATEUR DES AA, BILL W., OCTOBRE 1959

———

« Tous seront d'accord pour dire que les AA sont incroyablement chanceux. Chanceux d'avoir autant souffert, chanceux de pouvoir se connaître, se comprendre et s'aimer les uns les autres si suprêmement bien (...) La plupart d'entre nous savent bien que ces dons rares prennent leur vraie source dans les liens qui naissent d'une même souffrance et d'une même délivrance par la grâce de Dieu. »

———

Extrait du livre *Le Langage du cœur*

7 FÉVRIER

« *Les Étapes des AA mènent au réveil spirituel* »

HANKINS, NEW YORK, MAI 1967

———

« J'apprends, lorsque je cherche en moi des signes d'un réveil spirituel, à rechercher non pas des lumières étincelantes ou des bouleversements émotionnels (...) mais la sobriété, la stabilité, la responsabilité, la compréhension, la satisfaction, la joie. Ce sont là les marques du début d'un réveil spirituel. »

———

Extrait du livre *Spiritual Awakenings*

8 FÉVRIER

« *Cercles de sobriété* »

CHESTERTOWN, NEW YORK, JANVIER 2006

———

« Il est important de surveiller
mes pensées, d'être conscient de celles
que je conserve dans mon cœur, de celles
que j'invite à demeurer dans mon esprit,
à traîner dans ma tête. »

———

Extrait du livre *Beginners' Book*

9 FÉVRIER

« *Vers la réalité* »

NEW YORK, NEW YORK, AVRIL 1980

————

« Le début de la maturité a été de trouver
la volonté de tenter de faire
face aux réalités de ma propre vie, une
journée à la fois, et d'abandonner
le rêve puéril de vivre heureux pour le
reste de mes jours dans
un monde parfait peuplé de
gens parfaits. »

————

Extrait du livre *Spiritual Awakenings*

10 FÉVRIER

« *Patience* »

NORTH HOLLYWOOD, CALIFORNIE, JUIN 1980

———

« Ce n'est que lorsque j'ai compris que si Dieu se faisait attendre, ce n'était pas nécessairement qu'il refusait de répondre à ma prière, que j'ai été prêt à laisser une Puissance supérieure à moi-même décider du comment et du quand je devais recevoir les choses dont j'ai besoin, plutôt que des choses que je demandais en pleurnichant. »

———

Extrait du livre *Spiritual Awakenings*

11 FÉVRIER

« *Pourquoi les Alcooliques anonymes sont anonymes* »

COFONDATEUR DES AA, BILL W., JANVIER 1955

———

« Le bien temporaire ou apparent peut souvent être l'ennemi mortel du mieux permanent. »

———

Extrait du livre *Le Langage du cœur*

12 FÉVRIER

« L'espoir »

PHILADELPHIE, PENNSYLVANIE, AVRIL 1990

« L'espoir est un progrès
extraordinaire pour celui qui autrefois,
était "désespéré". »

Extrait d'un article du *AA Grapevine*

13 FÉVRIER

« *Comment est mon maintenant ?* »
ATLANTA, GÉORGIE, AOÛT 2001

———

« J'ai emprunté la foi des autres
pendant longtemps, et maintenant,
je commence à acquérir la mienne. »

———

Extrait du livre *Beginners' Book*

14 FÉVRIER

« Prochain objectif : la sobriété émotive »

COFONDATEUR DES AA, BILL W., JANVIER 1958

―――――

« Ce qui m'a stabilisé, c'est de chercher à donner, non à recevoir. »

―――――

Extrait du livre *Le Langage du cœur*

15 FÉVRIER

« *La tolérance est importante* »

TUSCOLA, ILLINOIS, MAI 1950

———

« À travers nos échecs et nos épreuves
nous avons l'opportunité d'éprouver
nos mérites et nos vertus. »

———

Extrait d'un article du *AA Grapevine*

16 FÉVRIER

« Avancer vers la lumière »

LA CAÑADA, CALIFORNIE, NOVEMBRE 1989

———

« Alors qu'autrefois je n'avais
que deux vitesses - empressé
ou immobile - une dose quotidienne
de méditation vient équilibrer
ces deux extrêmes pour une vitesse
de croisière douce et optimale. »

———

Extrait du livre *Spiritual Awakenings*

17 FÉVRIER

« *Les portes du service* »

OLYMPIA, WASHINGTON, SEPTEMBRE 2006

————

« Qu'il s'agisse de verser du café
dans mon groupe d'attache ou
de répondre à un appel de Douzième
Étape, j'avais une nouvelle façon
de penser : je ne pensais plus seulement
à moi-même, mais aux autres. »

————

Extrait du livre *Beginners' Book*

18 FÉVRIER

« *La modestie : point de départ de bonnes relations publiques* »

COFONDATEUR DES AA, BILL W., AOÛT 1945

———

« Il nous faut donc constamment examiner notre propre comportement avec attention, afin de nous assurer une fois pour toutes que nous serons toujours assez forts et constants dans notre but à l'intérieur pour établir de bonnes relations avec l'extérieur. »

———

Extrait du livre *Le Langage du cœur*

19 FÉVRIER

« *Faire confiance au silence* »

ANONYME, NOVEMBRE 1991

———

« Souvent dans ma sobriété, j'ai prié
lorsque j'avais besoin de méditer.
Je me suis tellement plaint à Dieu que
Dieu n'a pu glisser un mot. (Ce que
je pratique avec les gens, je ne peux
m'empêcher de le pratiquer avec Dieu.)
Pour moi, méditer, c'est simplement
faire silence, et écouter, pour une fois.
Il s'agit de sceller mes lèvres et
de faire taire mon esprit, qui ne cesse
de jacasser même la bouche fermée. »

———

Extrait du livre *Beginners' Book*

20 FÉVRIER

« D'accord, Dieu ... »

HOUSTON, TEXAS, OCTOBRE 1985

« J'ai poliment invité Dieu à passer la journée avec moi (tel un proche ou ami en visite) et immédiatement j'ai entamé un dialogue mental avec Dieu (...) J'ai constaté qu'en me présentant à Dieu, j'étais en train de jeter un long coup d'œil à qui j'étais réellement. »

Extrait du livre *Spiritual Awakenings*

21 FÉVRIER

« *Des outils pour la vie* »
NEW YORK, JANVIER 2006

———

« Tournez-vous vers ce pouvoir et
demandez de l'aide dès que vous vous
sentez troublé ou effrayé, comme
une plante se tourne vers la lumière. »

———

Extrait du livre *Beginners' Book*

22 FÉVRIER

« *Les AA demain* »

COFONDATEUR DES AA, BILL W., JUILLET 1960

« Nous améliorons notre connaissance du "langage du cœur" et nos communications connaissent une croissance rapide. Nous sommes déjà en train de franchir en toute sécurité les obstacles de la distance, de la langue, du rang social, de la nationalité et de la croyance qui divisent tellement le monde d'aujourd'hui. »

Extrait du livre *Le Langage du cœur*

23 FÉVRIER

« *Le rêve impossible* »

ISLAMORADA, FLORIDE, NOVEMBRE 1971

———

« Je suis libre d'aimer et de tirer plaisir de ce que je possède. Je n'ai pas besoin de montrer mes valeurs supérieures en détestant ma chaloupe parce qu'elle n'est pas un yacht, ma maison parce qu'elle n'est pas un palais, mon enfant parce qu'il n'est pas un prodige. »

———

Extrait du livre *The Best of the Grapevine, vol. 1*

24 FÉVRIER

« *Cinquième Tradition* »

COFONDATEUR DES AA, BILL W., AVRIL 1948

———

« Puissions-nous ne jamais oublier que
c'est par la grâce de Dieu que nous vivons,
que nous sommes en sursis. »

———

Extrait du livre *Le Langage du cœur*

25 FÉVRIER

« *Sur la plage* »

LAKE WORTH, FLORIDE, AVRIL 1987

———

« Si je tente de voler parmi les aigles,
je risque de ressembler à une dinde. »

———

Extrait d'un article du *AA Grapevine*

26 FÉVRIER

« *Penseur compulsif* »

AMES, IOWA, JUILLET 2010

―――

« Bien avant de devenir un buveur compulsif, j'étais un penseur compulsif. J'avais tendance à réfléchir sans arrêt, comme s'il s'agissait d'une partie essentielle de la survie. Il semblait que mon cerveau n'avait pas d'intérupteur, ou, s'il en avait un, je n'avais aucune idée d'où il se trouvait. »

―――

Extrait d'un article du *AA Grapevine*

27 FÉVRIER

« *Les Étapes des AA mènent au réveil spirituel* »

HANKINS, NEW YORK, MAI 1967

————

« Le réveil spirituel commence par la découverte et l'acceptation de la vérité à notre sujet. »

————

Extrait du livre *Spiritual Awakenings*

28 FÉVRIER

« *Honnêteté, ouverture d'esprit et bonne volonté* »

WORCESTER, MASSACHUSETTS, MARS 1952

———

« Ceux d'entre nous qui ont
vu planer au-dessus de leur tête l'ombre
d'un filet à papillon, se trouvent bénis
lorsqu'ils apprennent qu'un esprit ouvert
peut les sauver. »

———

Extrait d'un article du *AA Grapevine*

MARS

1er MARS

« *Troisième Tradition* »

COFONDATEUR DES AA, BILL W., FÉVRIER 1948

———

« Nous croyons que deux ou trois alcooliques, réunis pour leur abstinence, peuvent se dire un groupe des Alcooliques anonymes, pourvu qu'en tant que groupe, ils ne soient affiliés à personne. »

———

Extrait du livre *Le Langage du cœur*

2 MARS

« Ce qu'est et ce que n'est pas un bon parrain »

BERLIN, CONNECTICUT, SEPTEMBRE 2004

———

« Aujourd'hui, j'ai une meilleure idée de
ce en quoi consiste mon rôle de parrain.
Il s'agit de demeurer abstinent, d'être
disponible pour écouter, partager
mes pensées, prier pour les autres, et les
laisser vivre leur propre vie.
Il ne s'agit pas de "réparer les autres", de
les rendre abstinents, de les rendre
heureux, d'exiger qu'ils se conforment ou
de prendre des décisions pour eux. »

———

Extrait d'un article du *AA Grapevine*

3 MARS

« *Qui est membre des Alcooliques anonymes ?* »

COFONDATEUR DES AA, BILL W., AOÛT 1946

———

« Il y a deux ou trois ans, le Bureau central a demandé aux groupes de lui faire parvenir la liste de leurs règles. Une fois en possession de ces listes, nous les avons toutes transcrites, ce qui a nécessité énormément de papier. Une brève réflexion sur ces nombreuses règles nous a conduits à une constatation étonnante. Si tous ces décrets avaient été en vigueur partout en même temps, il aurait été pratiquement impossible à un alcoolique de se joindre aux Alcooliques anonymes. »

———

Extrait du livre *Le Langage du cœur*

4 MARS

« Des âmes sœurs »

SAN PEDRO, CALIFORNIE, MARS 2009

———

« J'aime à dire que l'on peut
utiliser le programme des AA pour
apprendre à suivre la volonté
de notre moi supérieur. »

———

Extrait d'un article du *AA Grapevine*

5 MARS

« *Un sourire à offrir* »

RALEIGH, CAROLINE DU NORD, JUILLET 2006

———

« Aujourd'hui, les deux choses les plus importantes pour moi dans le rétablissement sont la bonne volonté et l'action. Aujourd'hui, j'ai un sourire que je peux offrir à d'autres alcooliques. »

———

Extrait d'un article du *AA Grapevine*

6 MARS

« *Quelqu'un à aider* »

PERRY, FLORIDE, JUILLET 2009

« Les AA ne sont pas pour ceux qui en ont besoin ni pour ceux qui le désirent ; ils sont pour ceux qui sont prêts à faire le travail nécessaire pour l'obtenir. »

Extrait d'un article du *AA Grapevine*

7 MARS

« Qui est membre des Alcooliques anonymes ? »

COFONDATEUR DES AA, BILL W., AOÛT 1946

———

« Ceux qui rechutent, ceux qui
mendient, ceux qui scandalisent, ceux
qui ont l'esprit tordu, ceux qui
se rebellent contre le programme, ceux
qui exploitent la réputation des AA,
tous ceux-là font rarement tort longtemps
à un groupe. (...) Ils nous obligent à
cultiver la patience,
la tolérance et l'humilité. »

———

Extrait du livre *Le Langage du cœur*

8 MARS

« *Vivre et laisser vivre* »

WEST SPRINGFIELD, MASSACHUSETTS, JUIN 2002

———

« Nous sommes passés de deux
individus à deux millions. (...)
C'est que nous faisons sûrement
quelque chose de bien. »

———

Extrait d'un article du *AA Grapevine*

9 MARS

« *Un parrain inexpérimenté* »

MARTINSVILLE, VIRGINIE, MARS 2009

———

« Je me souviens d'avoir demandé à mon parrain : "Quand vais-je débuter les Étapes ?" Il a répondu, "Quand veux-tu te sentir mieux ?" »

———

Extrait d'un article du *AA Grapevine*

10 MARS

« *Mon bon parrain* »

ROCKY HILL, CONNECTICUT, JUILLET 1973

———

« Peu de personnes atteintes de cette
maladie peuvent s'attendre à trouver
la sobriété sans opérer un changement
majeur dans la plupart des aspects
de leur existence. »

———

Extrait d'un article du *AA Grapevine*

11 MARS

« *Plus de questions que de réponses* »

DORCHESTER, MASSACHUSETTS, MARS 1989

———

« Plus j'apprends, plus il y a à apprendre. »

———

Extrait d'un article du *AA Grapevine*

12 MARS

« Vivre et laisser vivre »

WEST SPRINGFIELD, MASSACHUSETTS, JUIN 2002

———

« Chacun d'entre nous, dans les AA,
a droit à sa propre opinion, même si cette
opinion est que l'opinion d'un
autre n'est pas aussi bonne que la nôtre.
(...) La structure entière des AA est
basée sur un esprit démocratique. Il n'y a
pas de patrons ni de gourous. »

———

Extrait d'un article du *AA Grapevine*

13 MARS

« *La valeur de la vie* »

BLYTHE, CALIFORNIE, JUIN 2005

———

« Lorsque lumière s'est faite sur les ombres de mon passé, j'ai été reconnaissant pour le "mode de vie" que fournissent les Douze Étapes. Cela m'aide à gérer le choc de qui j'étais, qui je suis aujourd'hui et qui je veux être. »

———

Extrait du livre *La sobriété émotive*

14 MARS

« Nos critiques peuvent être nos bienfaiteurs »

COFONDATEUR DES AA, BILL W., AVRIL 1963

« Nous allons bien sûr commettre
d'autres erreurs dans les années
à venir. Mais l'expérience nous enseigne
que nous n'avons pas à avoir peur
de ces erreurs, pourvu que nous soyons
toujours prêts à les admettre et
à les corriger sans attendre. »

Extrait du livre *Le Langage du cœur*

15 MARS

« *Parrainage* »
LAWTON, OKLAHOMA, FÉVRIER 1955

―――――

« Il est très possible que je ne sois pas
le plus qualifié pour parrainer un
nouveau membre en particulier. Je suis
peut-être la mauvaise personne
à cause de ma personnalité, de mon
éducation (ou manque d'éducation) ou
bien à cause de ma
profession. C'est pour les mêmes raisons
que je suis peut-être le bon parrain
pour quelqu'un d'autre. »

―――――

Extrait d'un article du *AA Grapevine*

16 MARS

« *Croissance* »

HOUSTON, TEXAS, JUIN 1976

————

« Il me semble que ma croissance
s'opère lorsque j'omets certaines
choses — quand je ne dis pas le mot
blessant, quand je ne réponds
pas avec sarcasme. Si je peux retarder
ma réponse d'une seconde, peut-être
deux, j'ai le temps de me demander :
"Est-ce que je veux vraiment
dire cela ?" »

————

Extrait du livre *La sobriété émotive*

17 MARS

« *La préparation spirituelle du café* »

VINTON, IOWA, AOÛT 2001

―――――

« J'ai besoin que mon groupe
d'attache soit un endroit où je puisse
apprendre à mettre en pratique les
principes énoncés dans les Douze Étapes
avec d'autres alcooliques. Cela enclenche
ma volonté de mettre en pratique
ces principes dans tous les domaines, y
compris dans ma vie familiale. »

―――――

Extrait du livre *La sobriété émotive*

18 MARS

« Chercher par la méditation »

NEW YORK, NEW YORK, AVRIL 1969

———

« L'esprit se laisse souvent aller à la rêverie, mais patiemment nous ramenons notre attention à la vérité et à la réalité de l'existence et de l'expérience, à ce qui se passe au présent. »

———

Extrait du livre *The Best of the Grapevine, Vol. 1*

19 MARS

« Dans tous les domaines de notre vie »

WESTPORT, CONNECTICUT, JUILLET 1956

———

« Ma croyance en une Puissance supérieure est aussi forte que lorsque je suis allé à ma première réunion des AA et que j'ai accepté les première et deuxième Étapes aussi simplement et en toute confiance, comme un enfant accepte le lait de sa mère. (...) Alors, à quoi est-ce que je m'attendais ? Je l'ignore. Je suppose que je voulais une petite fée Clochette bien à moi pour me montrer le bon et le seul moyen de sortir de chaque situation. »

———

Extrait du livre *La sobriété émotive*

20 MARS

« *Hors de ma portée* »

LANSING, MICHIGAN, MAI 2009

———

« Lorsqu'il me semble que l'amour
ne suffit tout simplement pas, je me
rappelle que c'est tout ce que j'ai à offrir
au-delà de mon expérience, ma force
et mon espoir. »

———

Extrait d'un article du *AA Grapevine*

21 MARS

« *Gagner ou perdre* »

ESCONDIDO, CALIFORNIE, AOÛT 2001

————

« Le succès et l'échec partagent un dénominateur commun. Tous les deux sont temporaires. »

————

Extrait du livre *La sobriété émotive*

22 MARS

« Dieu tel que nous le concevons : le dilemme de l'absence de foi »

COFONDATEUR DES AA, BILL W., AVRIL 1961

« La foi est donc plus que notre don le plus précieux. Savoir la partager avec les autres est notre plus grande responsabilité. »

Extrait du livre *Le Langage du cœur*

23 MARS

« *L'humilité aujourd'hui* »

COFONDATEUR DES AA, BILL W., JUIN 1961

———

« (Une) culpabilité et une révolte excessives mènent à la pauvreté spirituelle. »

———

Extrait du livre *Le Langage du cœur*

24 MARS

« *Gagnants et pleurnicheurs* »

PORT TOWNSEND, WASHINGTON, OCTOBRE 1994

———

« Il y a des gagnants et des pleurnicheurs,
et parfois j'ai l'impression d'incarner
les deux. Je suis, comme me le rappellent
mes amis, un être humain. »

———

Extrait du livre *La sobriété émotive*

25 MARS

« Les "règles" sont dangereuses, mais l'unité est vitale »

COFONDATEUR DES AA, BILL W., SEPTEMBRE 1945

———

« Pendant les premières années, chaque membre des AA ressentait sans cesse le besoin de se révolter contre l'autorité. Je n'ai pas échappé à ce besoin et je ne crois pas en être encore complètement guéri. J'ai aussi fait ma part comme auteur de règlements, comme régulateur de la conduite des autres. (...) Aujourd'hui, je suis capable d'en rire. Et d'éprouver de la gratitude aussi. »

———

Extrait du livre *Le Langage du cœur*

26 MARS

« *"Agnostique" est-il un vilain mot ?* »

CASPER, WYOMING, SEPTEMBRE 1969

———

« La croissance et les expériences
spirituelles ne sont pas réservées
à ceux d'entre nous qui croient en un être
divin, pas plus que la maladie de
l'alcoolisme est réservée aux clochards. »

———

Extrait d'un article du *AA Grapevine*

27 MARS

« *Croissance* »

HOUSTON, TEXAS, JUIN 1976

———

« J'ai découvert une nouvelle façon
d'apprendre : me taire et être à
l'écoute. (...) Ce n'est pas tant ce que
je fais que ce que je ne fais pas.
Je ne parle pas. Je suis donc ouverte ;
je peux apprendre. »

———

Extrait du livre *La sobriété émotive*

28 MARS

« *Comment est mon maintenant ?* »

ATLANTA, GÉORGIE, AOÛT 2001

———

« J'étais si occupé à jongler avec
les regrets du passé et les attentes
de demain que je n'avais plus le temps
de vivre dans le présent. »

———

Extrait du livre *Beginners' Book*

29 MARS

« *La modestie : point de départ de bonnes relations publiques* »

COFONDATEUR DES AA, BILL W., AOÛT 1945

« L'autoglorification, l'orgueil démesuré, l'ambition dévorante, le besoin de paraître, la suffisance et l'intolérance, la passion de l'argent et du pouvoir, le refus d'admettre ses erreurs et d'en tirer une leçon, l'autosatisfaction, la complaisance et la nonchalance, ce ne sont là que quelques-uns des nombreux maux communs qui si souvent assaillent les mouvements et les individus. »

Extrait du livre *Le Langage du cœur*

30 MARS

« Les "règles" sont dangereuses, mais l'unité est vitale »

COFONDATEUR DES AA, BILL W., SEPTEMBRE 1945

———

« C'est de nos discussions, de nos différences de vues, de nos expériences quotidiennes et de notre assentiment général que doivent finalement venir les vraies réponses. »

———

Extrait du livre *Le Langage du cœur*

31 MARS

« *Un rituel pour le changement* »
ORCHARD LAKE, MICHIGAN, DÉCEMBRE 1966

———

« Seul un cadeau donné par amour
et par gratitude est précieux à la fois pour
celui qui l'offre et pour celui
qui le reçoit. »

———

Extrait du livre *Step By Step*

AVRIL

1er AVRIL

« *L'individu par rapport au Mouvement* »

COFONDATEUR DES AA, BILL W., JUILLET 1946

———

« (Dans) la vie de chacun (des membres des AA) se cache encore un tyran. C'est l'alcool. »

———

Extrait du livre *Le Langage du cœur*

2 AVRIL

« *Gagnants et pleurnicheurs* »

PORT TOWNSEND, WASHINGTON, OCTOBRE 1994

———

« Ce dont j'ai du mal à me rendre
compte, c'est que je ne comprends
pas quoi que ce soit. »

———

Extrait du livre La sobriété émotive

3 AVRIL

« Une nouvelle façon de voir la vie »

COLUMBUS, OHIO, AVRIL 1981

———

« Ma vie et celles de ceux qui m'entourent jouent chacune sa partie dans une symphonie d'interactions. »

———

Extrait du livre *Voices of Long-Term Sobriety*

4 AVRIL

« Dieu tel que nous le concevons : le dilemme de l'absence de foi »

COFONDATEUR DES AA, BILL W., AVRIL1961

« L'expression "Dieu tel que nous le concevons" est peut-être la plus importante de tout notre vocabulaire des AA. Ces six mots sont d'une telle portée qu'ils englobent toutes les formes et tous les degrés de foi, tout en assurant chacun de nous qu'il est libre de choisir ce qui lui convient. »

Extrait du livre *Le Langage du cœur*

5 AVRIL

« *Forces réciproques* »

VANCOUVER, COLOMBIE-BRITANNIQUE,
JANVIER 1998

———

« Je compare ce moment transformateur
lorsque le désespoir a fait place à une
lueur d'espoir, à une fleur
minuscule qui a éclos au
milieu des débris de ma vie ravagée.
Grâce aux AA, ce petit bourgeon
allait se transformer en jardin. »

———

Extrait du livre *Voices of Long-Term Sobriety*

6 AVRIL

« *Il faut ce qu'il faut* »

POMPANO BEACH, FLORIDE, JUIN 1978

———

« La sobriété a un curieux effet
sur l'esprit — ça l'aère un peu, laisse
un peu d'honnêteté et de vérité
s'y infiltrer, et ça commence à exiger
la réalité. »

———

Extrait du livre *Step By Step*

7 AVRIL

« *Miroir, mon beau miroir* »

RENTON, WASHINGTON, OCTOBRE 1987

———

« Parfois faire l'inventaire d'un autre peut être très bénéfique. Lorsque je faisais ma Quatrième Étape, un ancien m'a suggéré de dresser une liste des noms de ceux envers qui je gardais des ressentiments, suivis de deux ou trois phrases décrivant ce qu'ils avaient fait pour mériter mon mécontentement. Puis, après avoir mis de côté la liste pour une journée, je devais rayer le nom de chaque personne et le remplacer par le mien. »

———

Extrait du livre *Step By Step*

8 AVRIL

« L'individu par rapport au Mouvement »

COFONDATEUR DES AA, BILL W., JUILLET 1946

———

« L'alcoolique le plus immoral, le plus antisocial ou le plus critique peut réunir autour de lui quelques âmes sœurs et annoncer qu'un nouveau groupe des Alcooliques anonymes est né, pourvu qu'il s'intéresse le moindrement à la sobriété. Même s'ils s'opposent à Dieu, à la médecine, à notre programme de rétablissement ou les uns aux autres, ces individus exubérants demeurent un groupe des AA, *si c'est leur avis* ! »

———

Extrait du livre *Le Langage du cœur*

9 AVRIL

« J'ai besoin de leur aide et de leur soutien »

EL PASO, TEXAS, OCTOBRE 2006

———

« Lorsque je vais à une réunion aujourd'hui, je n'ai plus l'illusion de soutenir une bonne cause. J'ai besoin des AA; les AA se sont débrouillés sans moi durant mes dix ans d'exil volontaire. Je vais aujourd'hui à des réunions des AA pour voir et entendre comment Dieu travaille. Lorsque je partage lors d'une réunion, ce n'est pas pour essayer "d'aider" ces pauvres misérables, c'est parce que j'ai besoin de leur aide et de leur soutien. »

———

Extrait du livre *Voices of Long-Term Sobriety*

10 AVRIL

« Pourquoi je reviens sans cesse »

TOLEDO, OHIO, MAI 2001

———

« Les AA sont une communauté
à l'écoute. (...) Ce sont des gens qui
comprennent comment les autres
peuvent être piégés dans une solitude
et un désespoir profonds. »

———

Extrait du livre *Voices of Long-Term Sobriety*

11 AVRIL

« *Le vrai de vrai* »

NEW YORK, NEW YORK, FÉVRIER 2001

———

« Un membre sobre depuis longtemps
m'a dit une fois que pour lui, les AA
étaient une bonne source d'équilibre :
lorsque vous êtes sur un nuage, vos amis
vous aident à descendre un peu. Lorsque
vous avez le cafard, ils vous aident à
remonter un peu. »

———

Extrait du livre *Voices of Long-Term Sobriety*

12 AVRIL

« De la misère à la richesse »

CORNWALL, ONTARIO, JANVIER 2005

« Mon âme est demeurée un
mystère jusqu'à ce que ma Puissance
supérieure s'installe en moi,
m'apparaissant comme un véritable
sentiment d'amour et de bonté.
La gentillesse a doucement pris
le dessus, et je suis devenu à l'aise
avec l'idée que je n'avais pas besoin
de prendre un verre. »

Extrait du livre *Voices of Long-Term Sobriety*

13 AVRIL

« *Quatrième Tradition* »

COFONDATEUR DES AA, BILL W., MARS 1948

———

« Les graves difficultés de croissance qui suivent invariablement tout manquement radical à la tradition des AA ne manqueront pas de ramener dans le droit chemin le groupe qui est dans l'erreur.
Il n'est pas nécessaire de contraindre un groupe par aucun autre gouvernement humain que celui de ses membres.
Leur expérience, de même que l'opinion des groupes environnants et l'inspiration de Dieu dans leur conscience collective, suffisent. »

———

Extrait du livre *Le Langage du cœur*

14 AVRIL

« *Un moyen de commencer* »

GRAND ISLAND, NEBRASKA, FÉVRIER 1984

« Le parrainage est un pont vers la
confiance envers la race humaine, celle
dont nous ne faisions plus partie.
En apprenant à faire confiance, nous
renforçons notre sobriété. »

Extrait d'un article du *AA Grapevine*

15 AVRIL

« *Gagner ou perdre* »

ESCONDIDO, CALIFORNIE, AOÛT 2001

———

« (Mon parrain) m'a donné de bons conseils : "Retire les mots 'succès' et 'échec' de ton vocabulaire. Remplace-les par 'honnêteté' et 'effort'" disait-il. »

———

Extrait du livre *La sobriété émotive*

16 AVRIL

« Un gentilhomme anglais »

CLEVEDON, SOMERSET, ANGLETERRE
DÉCEMBRE 1999

———

« Je fais l'effort conscient
de garder ça simple, car plus ça devient
simple, plus je suis heureux. »

———

Extrait du livre *Voices of Long-Term Sobriety*

17 AVRIL

« *Le vrai de vrai* »

NEW YORK, NEW YORK, FÉVRIER 2001

———

« En tant qu'individu je suis si infime qu'à l'échelle de l'univers, je ne signifie presque rien ; c'est presque comme si je n'existais pas. Mais pas tout à fait. (...) Aussi infime què je sois, je ne suis pas entièrement insignifiant. »

———

Extrait du livre *Voices of Long-Term Sobriety*

18 AVRIL

« *Pourquoi les Alcooliques anonymes sont anonymes* »

COFONDATEUR DES AA, BILL W., JANVIER 1955

———

« Nous avons appris que chacun
d'entre nous devait faire des sacrifices
spontanés pour le groupe lui-même,
pour le bien-être commun. »

———

Extrait du livre *Le Langage du cœur*

19 AVRIL

« *Absolument Richard* »

SANTA CRUZ, CALIFORNIE, AVRIL 1998

———

« L'esprit des AA a été avec moi (...)
pour le meilleur et pour le pire, dans
la richesse et dans la pauvreté,
dans la maladie et dans la santé. »

———

Extrait du livre *Voices of Long-Term Sobriety*

20 AVRIL

« *La question de l'honnêteté* »

COFONDATEUR DES AA, BILL W., AOÛT 1961

―――

« À force de se tromper soi-même,
on en vient presque toujours à tromper
les autres. »

―――

Extrait du livre *Le Langage du cœur*

21 AVRIL

« Vérité »

KEY WEST, FLORIDE, AOÛT 1973

———

« La vérité est à l'espace intérieur
ce que le soleil est au jardin. »

———

Extrait du livre *The Best of the Grapevine, Vol. 1*

22 AVRIL

« *De l'illusion à la croyance* »

CHARLESTON, VIRGINIE-OCCIDENTALE, JUIN 1981

———

« J'ai été soulagé d'apprendre
que je n'avais pas besoin de croire,
seulement d'avoir la bonne volonté
de croire. Cela, j'en étais capable. »

———

Extrait du livre *Voices of Long-Term Sobriety*

23 AVRIL

« *Périodes de joie véritable* »

COFONDATEUR DES AA, BILL W., REPARU EN
JUILLET 1993

———

« Certains croient que Dieu a créé la vie uniquement pour le bonheur, mais je ne partage pas ce point de vue. Je crois qu'il a créé la vie pour que l'on puisse y grandir et qu'il autorise la douleur comme une pierre de touche. Le bonheur — à tout le moins, la satisfaction — résulte de la tentative de croissance. Et les périodes de joie véritable ne sont que des effets secondaires occasionnels de ce processus. Ce qui, dans l'éternité, mène à l'accomplissement. Entre temps, nous sommes comme des pèlerins sur un chemin — et vous et moi croyons entièrement qu'il nous guide vers les bras de Dieu. »

———

Extrait d'un article du *AA Grapevine*

24 AVRIL

« *Force centrifuge* »

NEW YORK, NEW YORK, AVRIL 2004

———

« Je dois constamment avancer vers le
cœur des AA, vers son centre, afin d'éviter
de me faire éjecter par la roue en
perpétuel mouvement qu'est mon
existence. »

———

Extrait du livre *Beginners' Book*

25 AVRIL

« *On a beaucoup à apprendre* »

PORTLAND, OREGON, OCTOBRE 1998

———

« J'ai été attiré par les AA parce qu'ils n'excluaient personne, et je suis reconnaissant pour les leçons que j'ai apprises au fil des ans : que nous avons cessé de nous battre contre tout ; que ce sont les détails des actions que je pratique qui font de moi qui je suis ; que ma perception de la vie est toujours changeante et en évolution ; que les "suggestions" de base que j'ai entendues lorsque je suis entré dans le Mouvement font partie de ma vie à jamais ; que tant que je demeure un membre actif des AA, j'ai encore beaucoup de choses à apprendre. »

———

Extrait du livre *Voices of Long-Term Sobriety*

26 AVRIL

« Le leadership chez les AA, toujours un besoin vital »

COFONDATEUR DES AA, BILL W., AVRIL 1959

———

« Il y a toujours des critiques
constructeurs. Ce sont de véritables amis.
Nous devrions toujours leur prêter une
oreille attentive. »

———

Extrait du livre *Le Langage du cœur*

27 AVRIL

« *De la misère à la richesse* »

CORNWALL, ONTARIO, JANVIER 2005

« La sérénité et la paix d'esprit sont
un résultat direct de l'acceptation de nos
vies telles qu'elles sont au moment
présent, et tout l'argent au monde ne peut
acheter ce genre de paix. »

Extrait du livre *Voices of Long-Term Sobriety*

28 AVRIL

« *Prochain objectif : la sobriété émotive* »

COFONDATEUR DES AA, BILL W., JANVIER 1958

———

« Je ne pourrais pas profiter de l'amour de Dieu tant que je ne serais pas capable de le lui rendre en aimant les autres de la façon qu'il me le demandait. Il me serait impossible aussi d'y arriver tant que je serais victime de mes fausses dépendances. »

———

Extrait du livre *Le Langage du cœur*

29 AVRIL

« *Prendre le temps d'écouter* »

JACKSONVILLE BEACH, FLORIDE, DÉCEMBRE 1997

―――――

« Lorsque je regarde la personne
à côté de moi dans les yeux et que je lui
demande : "Comment allez-vous ?",
je prends le temps d'écouter. Je veux
garder en tête qu'à n'importe quel
moment, chacun d'entre nous pourrait
avoir besoin du même amour et
soutien que quelqu'un qui assiste à
sa première réunion. »

―――――

Extrait du livre *Voices of Long-Term Sobriety*

30 AVRIL

« Pourquoi je reviens sans cesse »

TOLEDO, OHIO, MAI 2001

———

« Chaque rétablissement, bien
que cela puisse passer inaperçu,
améliore le monde d'une façon ou
d'une autre. »

———

Extrait du livre *Voices of Long-Term Sobriety*

Mai

1er MAI

« *Apprendre à se pardonner soi-même* »

MEMPHIS, TENNESSEE, OCTOBRE 1977

―――

« Lorsque je me suis totalement dévoilé pour la toute première fois en présence d'un membre des AA, j'étais épuisé et un peu sonné; mais lorsque j'ai retrouvé mes sens, j'ai découvert que j'avais changé. Pour la première fois dans mon expérience des AA, je sentais la lumière de l'amour de Dieu éclairer mes blessures, et j'avais trouvé une véritable paix d'esprit. »

―――

Extrait du livre *Step By Step*

2 MAI

« Une discussion de 5 000 milles »
SECUNDERABAD, INDE, DÉCEMBRE 1982

———

« Je ne peux décrire adéquatement à
quel point je me sens léger depuis
que j'ai fait ma Cinquième Étape, et
à quel point je dors bien. »

———

Extrait du livre *Step By Step*

3 MAI

« *A-I-D-E* »

PHOENIX, ARIZONA, AVRIL 2011

———

« Demander de l'aide offre ses récompenses — une plus grande humilité, une connexion et de la confiance — tout cela vaut bien l'effort. »

———

Extrait d'un article du *AA Grapevine*

4 MAI

« *Cinquième Tradition* »

COFONDATEUR DES AA, BILL W., AVRIL 1948

———

« Nous sommes excellents uniquement
lorsque nous nous conformons au
but spirituel premier du mouvement :
transmettre le message des AA
à l'alcoolique qui souffre encore. »

———

Extrait du livre *Le Langage du cœur*

5 MAI

« *La liberté a commencé en prison* »

UNIVERSAL CITY, CALIFORNIE, FÉVRIER 1970

———

« La quantité de bonnes choses
dans ma vie augmente
proportionnellement à ma bonne volonté
de me laisser enseigner. »

———

Extrait d'un article du *AA Grapevine*

6 MAI

« La direction des services mondiaux des AA »

COFONDATEUR DES AA, BILL W., JANVIER 1966

———

« Chez les AA, tout progrès peut
s'expliquer simplement par deux mots :
humilité et responsabilité. »

———

Extrait du livre *Le Langage du cœur*

7 MAI

« Un message uni de rétablissement »

DECATUR, GÉORGIE, MAI 1994

———

« Ce sont nos expériences en tant qu'alcooliques qui nous confèrent notre valeur unique. (...) Nous pouvons aborder ceux qui souffrent comme personne d'autre ne peut le faire. »

———

Extrait d'un article du *AA Grapevine*

8 MAI

« *La liberté avec Dieu : à nous de choisir* »

COFONDATEUR DES AA, BILL W., NOVEMBRE 1960

———

« Seule la confiance mutuelle peut
servir de base à un grand amour,
notre amour les uns pour les autres,
et l'amour de tous pour Dieu. »

———

Extrait du livre *Le Langage du cœur*

9 MAI

« *Pourquoi faut-il faire partie d'un groupe ?* »

NEOSHO, MISSOURI, SEPTEMBRE 1986

———

« Ce ne sont pas les personnes extraordinaires venues des quatre coins du monde qui m'ont aidé à rester abstinent la plupart du temps, mais ces hommes merveilleux assis autour d'une table dans ma ville natale ; ils m'ont aimé quand je ne pouvais pas aimer, ils ont attendu que je cesse de mentir, ils m'ont toléré quand je ne voulais rien savoir et ils ne m'ont jamais mis à la porte quand je me montrais odieux. À cause de leur amour et de leur patience, j'ai finalement été capable de m'engager plus ou moins envers le groupe. »

———

Extrait du livre *Le groupe d'attache*

10 MAI

« Ici et maintenant ! »

SANTA BARBARA, CALIFORNIE, SEPTEMBRE 1960

———

« Demain — et tous les demains
à venir — ne sont que des extensions
de l'ici et maintenant. »

———

Extrait d'un article du *AA Grapevine* et du livre
Les AA en prison : d'un détenu à l'autre

11 MAI

« Pourquoi ne pouvons-nous pas nous joindre aux AA, nous aussi ? »

COFONDATEUR DES AA, BILL W., OCTOBRE 1947

————

« Nous sommes des alcooliques. Aujourd'hui, nous sommes rétablis, mais la possibilité d'un nouveau désastre personnel n'est jamais très loin. Chacun sait qu'il doit avoir une forte dose d'honnêteté, d'humilité et de tolérance, sans quoi il boira à nouveau. »

————

Extrait du livre *Le Langage du cœur*

12 MAI

« *Apprendre à gérer la sobriété* »
CONNECTICUT, MARS 1975

―――

« Nous rejetons le fantasme et acceptons
la réalité. Et nous la trouvons
superbe. Car nous sommes enfin en
paix avec nous-mêmes. Et avec
les autres. Et avec Dieu. »

―――

Extrait du livre *The Best of the Grapevine, Vol. 2*

13 MAI

« 8-½ »

BOWLING GREEN, KENTUCKY, OCTOBRE 1986

———

« Lorsque je peux reconnaître
mes propres défaillances chez autrui,
le champ de bataille qui se dressait
entre nous disparaît. »

———

Extrait du livre *The Best of the Grapevine, vol. 2*

14 MAI

« *Si vous ne pouvez ni vivre ni mourir, faites le café !* »

FREEPORT, NEW YORK, SEPTEMBRE 1988

« Pourquoi t'attarder sur ce que tu ne peux pas faire ? (...) Pourquoi ne pas te concentrer plutôt sur ce que tu peux faire ? »

Extrait du livre *Le groupe d'attache*

15 MAI

« *Commentaires sur les idées de Wylie* »

COFONDATEUR DES AA, BILL W., SEPTEMBRE 1944

———

« L'expérience religieuse ou spirituelle est un acte par lequel nous cessons de nous en remettre à notre propre toute-puissance. »

———

Extrait du livre *Le Langage du cœur*

16 MAI

« *Loin de chez soi* »

MORATUWA, SRI LANKA, SEPTEMBRE 1994

« On m'a dit lorsque je suis devenu
sobre que mes actions pouvaient
me mener à penser correctement, mais
que mes pensées ne me mèneraient
jamais à agir correctement. »

Extrait du livre *AA Around the World*

17 MAI

« *Connais-toi toi-même !* »

POUGHKEEPSIE, NEW YORK, JUILLET 2011

———

« Je dois me souvenir à quel point
je me sentais humilié, confus, anxieux et
effrayé lors de ma première réunion,
et comparer cela à la façon dont je me
sens aujourd'hui. »

———

Extrait d'un article du *AA Grapevine*

18 MAI

« *Continuer à avancer* »
NEW CANAAN, CONNECTICUT, AVRIL 1976

―――

« Quand j'essaye de tout comprendre par moi-même, je suis pris par la peur, l'anxiété, et la culpabilité. Alors je me dis : "Que puis-je faire pour moi-même et pour les autres aujourd'hui ?" »

―――

Extrait du livre *The Best of the Grapevine, Vol. 1*

19 MAI

« *Citoyens du monde* »

COFONDATEUR DES AA, BILL W.,
TEL QUE CITÉ EN JUIN 1975

———

« Dans les AA, la sobriété n'est pas
le seul objectif — nous essayons
également de devenir des citoyens du
monde que nous avions rejeté, et
du monde qui, à une certaine époque,
nous avait rejeté. »

———

Extrait d'un article du *AA Grapevine*

20 MAI

« Les gens et les principes »

JACKSON, MICHIGAN, OCTOBRE 1971

———

« Les êtres humains ne font que passer,
mais les principes demeurent à
perpétuité. »

———

Extrait du livre *The Best of the Grapevine, Vol. 2*

21 MAI

« *Petit à petit* »

BINGHAMTON, NEW YORK, JUILLET 1967

———

« Je construis aujourd'hui la route sur laquelle je voyagerai demain. »

———

Extrait d'un article du *AA Grapevine*

22 MAI

« *Brillante promesse* »
ATLANTA, GÉORGIE, JUILLET 1956

———

« La chose la plus difficile qu'un homme puisse faire est de tourner son regard vers lui-même, sur qui il est véritablement. »

———

Extrait d'un article du *AA Grapevine* et du livre
Les AA en prison : d'un détenu à l'autre

23 MAI

« *Un Dieu plus grand* »

LOS ANGELES, CALIFORNIE, MARS 2002

———

« Lorsque la peur me prend, ma marraine me dit toujours : "Il te faudrait peut-être un Dieu plus grand." »

———

Extrait du livre *Beginners' Book*

24 MAI

« *Nous sommes devenus adultes* »

COFONDATEUR DES AA, BILL W., SEPTEMBRE 1950

« Simplicité, dévouement, ténacité
et fidélité, tels sont les traits de caractère
que Dr Bob a su si bien inculquer à
tellement d'entre nous. »

Extrait du livre *Le Langage du cœur*

25 MAI

« *Ces dépressions — faites-en bon usage !* »

NEW YORK, NEW YORK, AOÛT 1948

« Nous aurons toujours des rêves éveillés. (...) Mais ce seront des rêves constructifs, plutôt que des rêveries sans fondement. »

Extrait du livre *The Best of the Grapevine, Vol. 1*

26 MAI

« *Amour* »

NORTH HOLLYWOOD, CALIFORNIE, SEPTEMBRE 1988

———

« Lorsque nous nous efforçons
d'aimer ceux que nous croyons indignes
d'amour, c'est là que
nous découvrons à quel point l'amour
est grand. »

———

Extrait du livre *The Best of the Grapevine, Vol. 2*

27 MAI

« *Un mode de vie* »

CHICAGO, ILLINOIS, JUILLET 1946

———

« Avec les Douze Étapes, les AA
ne présentent pas une théorie, ou une
hypothèse, ou un espoir religieux,
ni — Dieu merci — une pensée qui
prendrait ses désirs pour des réalités :
les AA présentent un fait historique,
qui est que plus de 25 000 (maintenant
plus de 2 millions) d'alcooliques
ont trouvé la sobriété. »

———

Extrait d'un article du *AA Grapevine*

28 MAI

« *La responsabilité est la règle du jeu* »

VAN NUYS, CALIFORNIE, NOVEMBRE 1966

―――

« Je suis responsable de me présenter à mes fonctions et de fournir un effort pour surmonter l'adversité, et ce faisant, de me surmonter moi-même. »

―――

Extrait du livre *The Best of the Grapevine, Vol. 1*

29 MAI

« Cinquième Tradition :
Ce qu'un groupe "devrait" être »
MAI 2006

———

« Tout ce qui renforce la spiritualité
du groupe renforce ma spiritualité,
et vice versa. »

———

Extrait d'un article du *AA Grapevine*

30 MAI

« *Les médecins* »

COFONDATEUR DES AA, BILL W., AOÛT 1957

« Les expériences spirituelles
vraiment valables sont presque toutes
fondées sur le malheur et l'échec. »

---

31 MAI

« *Vous appelez ça l'unité !* »
PISCATAWAY, NEW JERSEY, JANVIER 1992

« Je prie que je puisse poursuivre ma croissance et m'éloigner de mon égoïsme, assez pour me soucier des vies de tous les alcooliques, peu importe où ils se trouvent — ceux qui sont avec nous et ceux qui ne sont pas encore arrivés. »

Extrait d'un article du *AA Grapevine*

JUIN

1er JUIN

« *La question de la peur* »
COFONDATEUR DES AA, BILL W., JANVIER 1962

———

« Avant d'avoir la foi, je vivais comme un extra-terrestre dans un univers qui trop souvent me semblait hostile et cruel. »

———

Extrait du livre *Les meilleurs articles de Bill*

2 JUIN

« Une nouvelle perception de la vie »

DAR ES SALAM, TANZANIE, DÉCEMBRE 1978

———

« Les problèmes que j'ai créés pendant mes journées à me cacher dans la brume de l'alcool ne sont pas tous résolus, mais aujourd'hui j'ai assez de courage pour leur faire face. »

———

Extrait du livre *AA Around the World*

3 JUIN

« *Le Mouvement fonctionne grâce aux services* »

COFONDATEUR DES AA, BILL W., NOVEMBRE 1951

« Une cafetière qui mijote dans la cuisine, un hôpital qui dessoûle un malade gravement atteint, le message des AA. (...) Tout cela symbolise les AA en action. Car l'action est la formule magique des Alcooliques anonymes. Tous les services des AA prouvent chaque jour que des activités soi-disant «matérielles» peuvent produire de magnifiques résultats spirituels. »

Extrait du livre *Le langage du coeur*

4 JUIN

« Cultiver la tolérance »

COFONDATEUR DES AA, DR BOB, JUILLET 1944

———

« Ceux qui suivent le programme
des AA avec le plus grand enthousiasme,
non seulement trouvent la sobriété,
mais acquièrent souvent de meilleurs
attributs et attitudes. La tolérance
en fait partie. »

———

Extrait du livre *The Best of the Grapevine, Vol. 1*

5 JUIN

« *Un sentiment d'émerveillement* »

SEATTLE, WASHINGTON, JUIN 1968

———

« Les choses qui m'empêchaient
jadis de dormir ne me dérangent plus à
présent, car je peux les mettre en
perspective avec l'éternité. Le long hiver
solitaire de l'alcoolisme a fait place
au printemps — la renaissance,
le renouvellement de ma vie. »

———

Extrait du livre *Spiritual Awakenings*

6 JUIN

« *L'amour* »

FAIRFIELD, CONNECTICUT, MARS 1980

« Aujourd'hui, ce n'est pas comme si j'aimais tout le monde. Mais dans une réunion des AA ou tout autre regroupement des AA, je sais que je suis dans le genre de communauté d'amour que chaque thérapie, religion ou philosophie recherche si désespérément. L'amour est ce qui nous lie. »

Extrait du livre *Spiritual Awakenings*

7 JUIN

« *La Sixième Étape* »

NEW YORK, NEW YORK, SEPTEMBRE 1970

———

« Je peux à présent admettre que la plupart de mes problèmes proviennent d'un seul grand défaut évident : l'égocentrisme. »

———

8 JUIN

« *Lettres à l'éditeur* »

TAMPA, FLORIDE, MAI 1945

———

« Une bonne question que je me pose
souvent est : Qu'est-ce que je recherche
— un conseil ou une approbation ? »

———

Extrait du livre *Thank You for Sharing*

9 JUIN

« *La ligne invisible* »

REDWOOD CITY, CALIFORNIE, AVRIL 1993

« Chez les AA, nous parlons souvent de la ligne invisible que nous franchissons en devenant alcooliques. Qu'en est-il de la ligne invisible à traverser pour entrer dans le programme des Alcooliques anonymes ? »

Extrait du livre *Thank You for Sharing*

10 JUIN 10 (JOUR DE LA FONDATION)

« Dr Bob, futur cofondateur des AA »

COFONDATEUR DES AA, BILL W., JUIN 1965

« Je savais que j'avais besoin de
l'alcoolique autant qu'il avait besoin de
moi. (...) Et ce besoin réciproque
est au cœur de tout le travail de
Douzième Étape des AA aujourd'hui.
C'était comme cela qu'il fallait
transmettre le message. La dernière
pièce manquante était juste là, dans
ma première discussion avec Dr Bob. »

Extrait d'un article du *AA Grapevine*

11 JUIN

« *Faire de la place pour grandir* »

CANAAN, CONNECTICUT, JUIN 1997

———

« Au lieu de me perdre dans la grisaille de mon passé, je me tourne vers un brillant avenir, parce que je prends enfin la responsabilité de ma propre vie. »

———

Extrait du livre *Step By Step*

12 JUIN

« Il faut capituler: ça n'a rien à voir avec le développement personnel »

ATLANTA, GÉORGIE, FÉVRIER 1990

———

« Ne pas changer c'est ne pas s'adapter; ne pas s'adapter, c'est disparaître. »

———

Extrait du livre *The Best of the Grapevine, Vol. 3*

13 JUIN

« Qu'est-ce que l'acceptation ? »

COFONDATEUR DES AA, BILL W., MARS 1962

———

« Notre tout premier problème est d'accepter notre situation actuelle telle qu'elle se présente, de nous accepter tels que nous sommes, et d'accepter les gens qui nous entourent tels qu'ils sont. Sans cette attitude humble et réaliste, aucun progrès véritable ne peut même être envisagé. »

———

Extrait du livre *Le langage du coeur*

14 JUIN

« La liberté avec Dieu : à nous de choisir »

COFONDATEUR DES AA, BILL W., NOVEMBRE 1960

« Nous ne devons pas nous laisser aveugler par une philosophie futile qui consiste à dire que nous sommes les malheureuses victimes de notre héritage, de nos expériences et de notre milieu, que ce sont là les seules forces qui décident à notre place. (...) Nous devons croire que nous avons vraiment le choix. »

Extrait du livre *Le Langage du cœur*

15 JUIN

« *Laisser l'esprit entrer* »

BUFFALO, NEW YORK, NOVEMBRE 1995

———

« Je ne vois plus la vaisselle comme une tâche désagréable. Je la considère comme une occasion de méditer. (...) Je me concentre sur la vaisselle et non sur ce que je vais faire par la suite. Ce qui importe le plus, c'est ce que j'ai devant moi — au moment présent. »

———

Extrait du livre *Spiritual Awakenings*

16 JUIN

« Notre Conférence des Services généraux, gardienne des AA »

COFONDATEUR DES AA, BILL W., AVRIL 1958

« L'histoire du mouvement rappelle que chaque fois que surgit un grand besoin, il est toujours satisfait. Je suis passablement certain qu'à cet égard l'histoire continuera de se répéter. »

Extrait du livre *Le Langage du cœur*

17 JUIN

« *Douze suggestions pour la tradition des AA* »

COFONDATEUR DES AA, BILL W., AVRIL 1946

———

« Puisque nous ne sommes plus obsédés par notre malheur personnel, notre principale préoccupation est désormais l'avenir des Alcooliques anonymes. Notre défi est de maintenir entre nous, les membres, une unité telle que ni les faiblesses personnelles ni les tensions et les conflits de notre époque troublée ne puissent nuire à notre cause commune. »

———

Extrait du livre *Le Langage du cœur*

18 JUIN

« Responsabilité (nom) :
la capacité de répondre »
BRONX, NEW YORK, SEPTEMBRE 1983

———

« La responsabilité est un don; et bien
que nous ne soyons pas obligés de le
recevoir, nous ne connaîtrons jamais la
paix, l'assurance et l'amour d'une sobriété
vitale avant de l'accepter. »

———

Extrait du livre *I Am Responsible*

19 JUIN

« *Le plus beau mot de la langue anglaise* »

LOMBARD, ILLINOIS, FÉVRIER 1995

———

« Ne pas consommer est la première condition pour trouver la joie; la seconde est la gratitude. »

———

Extrait du livre *In Our Own Words*

20 JUIN

« Compassion »

GATE MILLS, OHIO, SEPTEMBRE 1975

———

« Ce n'est qu'en donnant que l'on peut
recevoir pleinement. »

———

Extrait d'un article du *AA Grapevine*

21 JUIN

« *Je m'appelle Helen* »

FLORIDE, JUILLET 1977

————

« J'ai commencé à avoir assez confiance
en mes amis pour m'appuyer sur eux. »

————

Extrait d'un article du *AA Grapevine*

22 JUIN

« *Vérité* »

KEY WEST, FLORIDE, AOÛT 1973

« Le monde de la vérité est celui
de ce qui est. C'est la pièce où je suis assis,
le chat endormi, le travail qui reste
à faire. C'est ici. C'est maintenant. »

Extrait d'un article du *AA Grapevine*

23 JUIN

« Prochain objectif : la sobriété émotive »

COFONDATEUR DES AA, BILL W., JANVIER 1958

———

« Les satisfactions émotives et instinctives venaient en fait s'ajouter aux dividendes de l'amour senti, offert et exprimé d'une façon appropriée dans chaque relation humaine. »

———

Extrait du livre *Le Langage du cœur*

24 JUIN

« Pas en feu »

MESA, ARIZONA, MARS 2010

———

« Peu importe ce qui se passe dans ma
vie, ou à quel point tout semble mal aller,
si je cherche attentivement, je peux
toujours trouver de la gratitude pour
quelque chose. »

———

Extrait du livre *Emotional Sobriety II*

25 JUIN

« *Dix minutes d'unité* »

SAN MATEO, CALIFORNIE, DÉCEMBRE 1995

———

« Je ne suis pas ici pour changer les Alcooliques anonymes; les Alcooliques anonymes sont ici pour me changer. »

———

Extrait du livre *In Our Own Words*

26 JUIN

« *Garder le rétablissement en vie* »

RALEIGH, CAROLINE DU NORD, JANVIER 2000

———

« Si nous suivons nos Traditions, nous survivrons et, je l'espère, nous grandirons. Les Traditions nous disent de servir — et non de gouverner ; d'attirer — et non de promouvoir; de transmettre le message — et non de l'imposer à qui que ce soit; de garder nos trois héritages en vie : le rétablissement, l'unité et le service. Ce sont eux qui nous préservent. »

———

Extrait du livre *I Am Responsible*

27 JUIN

« Pourquoi les Alcooliques anonymes sont anonymes »

COFONDATEUR DES AA, BILL W., JANVIER 1955

———

« L'été dernier, j'ai visité le cimetière
d'Akron où reposent Bob et Anne.
Leur modeste pierre tombale ne dit pas
un mot des Alcooliques anonymes.
Cela m'a fait pleurer de joie. »

———

Extrait du livre *The Best of the Grapevine, Vol. 1*

28 JUIN

« *Une dimension plus profonde* »

DENVER, COLORADO, SEPTEMBRE 1993

———

« Nous sommes tous importants,
mais pas pour les raisons que nous
croyons. »

———

Extrait d'un article du *AA Grapevine*

29 JUIN

« *La seule révolution* »

AVRIL 1976

———

« La raison commence là où l'esprit laisse
entrer la réalité. »

———

Extrait d'un article du *AA Grapevine*

30 JUIN

« *Le pouvoir du bien* »

PASADENA, CALIFORNIE, AVRIL 1978

———

« Je tente de faire ce que je peux pour aimer, aujourd'hui dans le moment présent. Qu'y a-t-il de plus important ? »

———

Extrait du livre *Spiritual Awakenings*

JUILLET

1er JUILLET

« *La question de la peur* »

COFONDATEUR DES AA, BILL W., JANVIER 1962

———

« J'ai commencé à me libérer de la peur
par la foi. Cette foi m'amène à croire,
en dépit de toutes les indications
contraires dans le monde, que je vis dans
un univers qui a un sens. »

———

Extrait du livre *Le Langage du cœur*

2 JUILLET

« *Une nouvelle vérité* »

LOS ANGELES, CALIFORNIE, MAI 1966

———

« Les AA, ce n'est pas un lieu;
c'est un état d'esprit, un réchauffement
au cœur — une quatrième dimension
spirituelle où les choses matérielles ne
peuvent avoir le dessus. »

———

Extrait du livre *Thank You for Sharing*

3 JUILLET

« *Savourer notre sobriété* »

NORTH HOLLYWOOD, CALIFORNIE, AOÛT 1982

———

« Chaque jour, à un moment donné, nous, les alcooliques en rétablissement, devons nous rendre une visite amicale. »

———

Extrait du livre *Emotional Sobriety II*

4 JUILLET

« *Un autre être humain* »

OCEANSIDE, NEW YORK, MAI 2012

———

« On m'a dit, lorsque j'ai commencé
ce parcours à travers les Douze
Étapes, que je pourrais trouver Dieu
dans un endroit insolite : au beau
milieu de la vérité sur moi-même. »

———

Extrait d'un article du *AA Grapevine*

5 JUILLET

« *La chose la plus terrifiante* »

CARLSBAD, CALIFORNIE, JUIN 2006

———

« Le groupe que j'ai rejoint m'a sauvé
la vie. (...) Pendant une heure,
j'étais en sécurité. Pendant une heure,
j'ai trouvé un refuge parmi ceux
dont la peur avait été aussi grande que
la mienne. Je n'ai pas donné ma
peur – ils l'ont prise. Ils m'ont soulagée
de son emprise à coups de câlins et
de rires, en partageant leur expérience. »

———

Extrait du livre *La sobriété émotive*

6 JUILLET

« La Septième Étape »

BRIGHTON, COLORADO, NOVEMBRE 1970

———

« Je me suis trouvé encore plus prêt
à demander à ce que mes défauts
soient éliminés lorsque j'ai compris que
ma croissance spirituelle serait
minuscule, voire nulle, tant que je
m'accrocherais à mes veilles idées
et à mes défauts. »

———

Extrait du livre *The Best of the Grapevine, Vol. 2*

7 JUILLET

« *Gagnants et pleurnicheurs* »

PORT TOWNSEND, WASHINGTON,
OCTOBRE 1994

———

« Quand la vie est facile, je suppose
généralement que c'est la voie de Dieu
et il m'est facile de rester spirituel.
Mais quand je vis des problèmes émotifs,
je vois que la vie est une corvée et
je me dis que Dieu a dû partir à la pêche. »

———

Extrait du livre *La sobriété émotive*

8 JUILLET

« Vérité »

KEY WEST, FLORIDE, AOÛT 1973

———

« L'effort pour échapper à la vérité est
le père de l'anxiété. »

———

Extrait du livre *The Best of the Grapevine, Vol. 1*

9 JUILLET

« *Qu'est-ce que l'acceptation ?* »

COFONDATEUR DES AA, BILL W., MARS 1962

———

« Il ne fallait ni fuir ni nous battre,
mais accepter. C'est ce que nous avons
fait, et alors nous avons été libérés. »

———

Extrait du livre *Le Langage du cœur*

10 JUILLET

« Ne le remets pas à plus tard »
SAINT-PAUL, MINNESOTA, OCTOBRE 1952

———

« Je crois que la valeur d'un homme
pour lui-même est la somme totale
de sa réaction positive aux petites choses
de la vie. »

———

Extrait du livre *Thank You for Sharing*

11 JUILLET

« *La question de la peur* »
COFONDATEUR DES AA, BILL W., JANVIER 1962

———

« La foi grandit, et aussi la sécurité
intérieure. »

———

Extrait du livre *Les meilleurs articles de Bill*

12 JUILLET

« *La question de l'honnêteté* »
COFONDATEUR DES AA, BILL W., AOÛT 1961

———

« La vérité nous libère. Elle a coupé les liens qui nous enchaînaient à l'alcool. Elle continue de nous libérer de nos conflits et de nos souffrances. Elle élimine la peur et l'isolement. »

———

Extrait du livre *Les meilleurs articles de Bill*

13 JUILLET

« *Avons-nous vraiment la volonté de changer ?* »

NEW YORK, NEW YORK, DÉCEMBRE 1980

———

« Faire face à soi-même (...) est parfois plus difficile qu'être honnête envers autrui. »

———

Extrait du livre *Step By Step*

14 JUILLET

« *La question de l'honnêteté* »
COFONDATEUR DES AA, BILL W., AOÛT 1961

———

« La manière et le moment que
nous choisissons pour dire la vérité — ou
pour nous taire — montrent aussi
souvent la différence entre une véritable
intégrité et l'absence d'intégrité. »

———

Extrait du livre *Les meilleurs articles de Bill*

15 JUILLET

« *Mon orgueil froissé* »

ROCHESTER, NEW YORK, OCTOBRE 1979

―――――

« Il est très difficile de manœuvrer
une voiture stationnée et de progresser
vers une quelconque destination. (...)
Bref, il me fallait un endroit où aller
avant qu'on puisse m'y guider. »

―――――

Extrait du livre *Step By Step*

16 JUILLET

« *La valeur de la vie* »

BLYTHE, CALIFORNIE, JUIN 2005

———

« J'ai trouvé que les petites choses que je prenais pour acquises au quotidien étaient les choses qui avaient le plus de valeur. »

———

Extrait du livre *La sobriété émotive*

17 JUILLET

« *Une sensation remarquable* »
THOMPSON, PENNSYLVANIE, MARS 1997

———

« Suivre un chemin spirituel est devenu
de plus en plus essentiel pour moi.
Contrairement à ma crainte que la
Troisième Étape me condamne
à une vie courageuse d'autosacrifice,
je trouve plutôt que cela me permet
de penser et d'agir comme je suis
vraiment, en toute liberté. »

———

Extrait du livre *La sobriété émotive*

18 JUILLET

« L'individu par rapport au mouvement »

COFONDATEUR DES AA, BILL W., JUILLET 1946

———

« J'avais trop vécu seul, éloigné de mes compagnons et sourd à ma voix intérieure. »

———

Extrait du livre *Le Langage du cœur*

19 JUILLET

« *Le plaisir de l'anonymat* »

SEATTLE, WASHINGTON, JANVIER 1992

———

« L'humilité est une réalisation
personnelle. Elle ne peut pas se donner.
Elle apparaît en petites lueurs et
croît comme un cristal de glace. Elle est
fragile aussi et exige constamment des
soins et de la protection. »

———

Extrait du livre *Le groupe d'attache*

20 JUILLET

« *Le plus beau cadeau qui soit* »

COFONDATEUR DES AA, BILL W., DÉCEMBRE 1957

———

« Peu importe les succès ou les échecs,
la douleur ou la joie, la maladie ou la
santé, ou même la mort, nous pouvons
vivre une nouvelle vie aux possibilités
infinies si nous sommes prêts
à poursuivre notre réveil spirituel,
à travers les Douze Étapes. »

———

Extrait du livre *Le Langage du cœur*

21 JUILLET

« *Le programme, c'est les Étapes* »

RIVERSIDE, ILLINOIS, JUILLET 1975

———

« Il n'y a pas de toi ou moi ou eux.
Tout est connecté et le salut de
chacun d'entre nous est lié au salut
de nous tous. »

———

Extrait d'un article du *AA Grapevine*

22 JUILLET

« *Les principes fondamentaux avec le recul*»

COFONDATEUR DES AA, DR BOB, SEPTEMBRE 1948

« Nous avons tous connu et vu des miracles — la guérison d'individus brisés, des familles éclatées réunies. Et c'est toujours un travail de Douzième Étape personnel basé sur une foi positive qui a accompli cela. »

Extrait du livre *Spiritual Awakenings*

23 JUILLET

« *Réunions dans une banque* »

NEW YORK, NEW YORK, JUIN 2009

———

« La seule chose qui pouvait chasser
ma maladie était un soleil se levant
sur un nouveau jour. Tout comme au
début de ma sobriété, lorsque je comptais
mes jours et que je me réveillais en
pensant : "J'ai réussi". »

———

Extrait du livre *La sobriété émotive*

24 JUILLET

« Notre thème : la responsabilité »

COFONDATEUR DES AA, BILL W., JUILLET 1965

———

« Pour grandir, il est indispensable
d'être prêt à s'améliorer et à assumer sans
cesse toutes ses responsabilités. »

———

Extrait du livre *Le Langage du cœur*

25 JUILLET

*« Le rétablissement est un pays
des merveilles »*

BROOKLYN, NEW YORK, JUILLET 2010

———

« J'ai appris que je ne suis responsable
du bonheur de personne d'autre,
seulement du mien. Plus important
encore, j'ai appris que le vrai bonheur
est un travail intérieur. »

———

Extrait du livre *La sobriété émotive*

26 JUILLET

« La foi de croire en ce qui est »

KEY WEST, FLORIDE, JUILLET 1972

———

« L'acte de foi doit être répété
encore et encore et aller de plus en
plus loin. »

———

Extrait d'un article du *AA Grapevine*

27 JUILLET

« *La question de l'honnêteté* »

COFONDATEUR DES AA, BILL W., AOÛT 1961

———

« Si je n'avais pas bénéficié de conseillers aimants et sages, je crois que j'aurais craqué il y a longtemps. »

———

Extrait du livre *Les meilleurs articles de Bill*

28 JUILLET

« *Quelque chose de révolutionnaire* »

NAIROBI, KENYA, AVRIL 1998

———

« Les AA m'enverront peut-être
au paradis, ou peut-être pas, mais ils
m'ont certainement tiré de l'enfer. »

———

Extrait du livre *AA Around the World*

29 JUILLET

« *Croissance* »

HOUSTON, TEXAS, JUIN 1976

———

« Je suis habituellement environ 80%
du problème — enfin, peut-être 60%,
mais j'ai la majorité, vous pouvez parier
là-dessus. Si je soustrais le plus grand
pourcentage (moi), il n'y a presque
pas de problème du tout ! »

———

Extrait du livre *La sobriété émotive*

30 JUILLET

« *Les Étapes des AA mènent à l'éveil spiriruel* »

HANKINS, NEW YORK, MAI 1967

———

« L'expérience de la réalité n'a pas besoin
d'être remise à plus tard. »

———

Extrait du livre *Spiritual Awakenings*

31 JUILLET

« *Savourer notre sobriété* »

NORTH HOLLYWOOD, CALIFORNIE, AOÛT 1982

———

« Parce que chacun d'entre nous,
à tout moment, est la somme totale de
tous les choix qu'il ou elle ait jamais fais,
il n'est pas du tout irrationnel
de s'attendre à ce que chaque jour soit
le meilleur jour que nous ayons vécu
jusqu'à présent. »

———

Extrait du livre *La sobriété émotive*

AOÛT

1er AOÛT

« *Prochain objectif : la sobriété émotive* »

COFONDATEUR DES AA, BILL W., JANVIER 1958

———

« Quand nous examinons toutes les choses qui nous dérangent, les grandes comme les petites, nous trouvons toujours à la racine une dépendance malsaine et les exigences tout aussi malsaines qui en découlent. Puissions-nous toujours, avec l'aide de Dieu, renoncer à ces exigences qui nous entravent. »

———

Extrait du livre *Le Langage du cœur*

2 AOÛT

« *Notre thème : la responsabilité* »

COFONDATEUR DES AA, BILL W., JUILLET 1965

―――

« Nous sommes surpris, choqués et
fâchés quand quelqu'un trouve
à redire sur les AA. Nous pouvons en
être bouleversés au point de ne pas
savoir tirer profit d'une critique
constructive. (...) Ce genre de
ressentiment n'aide pas à nous faire des
amis et ne mène à rien de constructif.
C'est là un domaine où nous pouvons
certainement nous améliorer. »

―――

Extrait du livre *Le Langage du cœur*

3 AOÛT

« *Les combattants de Noël* »

QUOGUE, NEW YORK, DÉCEMBRE 1963

« Avant d'y faire face, on ne sait jamais quelle journée nous attend, mais la manière dont nous nous préparons à l'affronter fait toute la différence. »

Extrait d'un article du *AA Grapevine*

4 AOÛT

« Faire face à la vérité »

CLEVELAND, OHIO, FÉVRIER 1993

———

« J'ai dû affronter mon passé, un épisode
à la fois, et j'ai dû être prêt à voir la vérité
en face. Je savais que la douleur et
la peur, comme des trolls sous un pont,
étaient prêts à bondir et à ébranler mon
estime personnelle. »

———

Extrait d'un article du *AA Grapevine*

5 AOÛT

« *L'humilité aujourd'hui* »

COFONDATEUR DES AA, BILL W., JUIN 1961

———

« L'humilité parfaite est un état de complète libération de moi-même, la libération de tous ces défauts qui pèsent si lourdement sur moi. L'humilité parfaite, c'est l'empressement en tout temps et en tout lieu à rechercher et à faire la volonté de Dieu. »

———

Extrait du livre *Le Langage du cœur*

6 AOÛT

« *Comment une personne qui paraît si normale peut-elle être si malade ?* »

JAMESTOWN, NEW YORK, AVRIL 1992

———

« Certains jours je me sens presque normal, presque sain d'esprit. »

———

Extrait d'un article du *AA Grapevine*

7 AOÛT

« Jeans déchirés, chaussures usées »

THE PAS, MANITOBA, JUILLET 1999

———

« Je crois que n'importe qui peut être aidé s'il possède un désir honnête d'arrêter de boire. J'en suis la preuve vivante. »

———

Extrait du livre *In Our Own Words*

8 AOÛT

« *Coincé au pays de la haine* »

LA VERNE, CALIFORNIE, DÉCEMBRE 1966

« J'étais capable de changer mes propres pensées, mais je ne pouvais rien faire pour changer les personnes de mon entourage. »

Extrait d'un article du *AA Grapevine*

9 AOÛT

« *Les personnes que nous avions lésées* »

REYNOLDSBURG, OHIO, SEPTEMBRE 1979

———

« Je n'ai pas besoin de me mettre
à quatre pattes pour réparer mes torts;
il me faut marcher la tête haute, sans
aucune fausse fierté. Quand je demande
aux gens de me pardonner sincèrement
et avec humilité, cela retire un gros
fardeau de mes épaules. »

———

Extrait d'un article du *AA Grapevine*

10 AOÛT

« *Petites histoires* »
HONOLULU, HAWAÏ, NOVEMBRE 1962

――――――

« Les habitudes sont comme du liège ou du plomb — elles ont tendance à vous garder à flot ou bien à vous couler. »

――――――

Extrait d'un article du *AA Grapevine*

11 AOÛT

« *Écouter et apprendre* »

PENNGROVE, CALIFORNIE, JANVIER 2008

––––––

« L'alcoolisme perd son pouvoir lorsque
l'honnêteté, l'ouverture d'esprit, et
la volonté se joignent en moi pour
transformer mes "pourquoi ?" en
"comment ?". Ainsi, je peux m'engager
dans la vie sans me mettre moi-même
des bâtons dans les roues. »

––––––

Extrait d'un article du *AA Grapevine*

12 AOÛT

« *La question de la peur* »

COFONDATEUR DES AA, BILL W., JANVIER 1962

———

« Chaque obstacle devenait pour
nous une occasion que nous donnait
Dieu de développer ce courage,
né de l'humilité plutôt que de la bravade.
Nous étions désormais capables de
nous accepter nous-mêmes, d'accepter
notre situation particulière, et d'accepter
nos semblables. »

———

Extrait du livre *Les meilleurs articles de Bill*

13 AOÛT

« *Une chance inespérée de mordre à la vie* »

PALMDALE, CALIFORNIE, JUILLET 1992

———

« Je n'ai plus besoin d'avoir toujours raison. »

———

Extrait d'un article du *AA Grapevine*

14 AOÛT

« *Le leadership chez les AA, toujours un besoin vital* »

COFONDATEUR DES AA, BILL W., AVRIL 1959

———

« Le compromis ne vient pas facilement à des alcooliques qui veulent "tout ou rien". Pourtant, nous ne devrions jamais oublier que le progrès se caractérise presque toujours par une série de compromis qui améliorent. »

———

Extrait d'un article du *AA Grapevine*

15 AOÛT

« *Douzième Étape : les AA dans leur ensemble* »

COVENTRY, ROYAUME-UNI, DÉCEMBRE 2007

———

« Placer les principes avant les personnalités, tant à l'intérieur qu'à l'extérieur du Mouvement, ne me rend pas toujours aimé de tous, mais je préfère être détesté pour ce que je suis plutôt que d'être aimé pour ce que je ne suis pas. »

———

Extrait d'un article du *AA Grapevine*

16 AOÛT

« *Une très bonne idée* »

SPRING CITY, UTAH, NOVEMBRE 2003

———

« Il est vrai que le désir d'arrêter
de boire est la seule condition pour être
membre des AA. Mais si vous souhaitez
vraiment une meilleure vie, eh bien...
Que pensez-vous de ceci ? Travailler
les Étapes avec un parrain est une très
bonne idée. »

———

Extrait d'un article du *AA Grapevine*

17 AOÛT

« *La menace des Douze Étapes* »

VERMONT, OCTOBRE 1965

———

« Lorsque l'on s'engage entièrement
dans le programme des AA, comme
il nous a été donné par les pionniers des
AA, le résultat n'est pas une
transformation en un modèle de vertu
repoussant. Ce qui nous menace
lorsque nous nous engageons, c'est de
devenir pleinement vivant, conscient,
et peut-être même de connaître l'extase. »

———

Extrait d'un article du *AA Grapevine*

18 AOÛT

« *Les AA demain* »

COFONDATEUR DES AA, BILL W., JUILLET 1960

« Il y a parmi nous des membres
qui ont un besoin toujours plus grand
de croissance spirituelle. »

Extrait du livre *Le Langage du cœur*

19 AOÛT

« *Service* »

TACOMA, WASHINGTON, SEPTEMBRE 1974

« Ce n'est que ces derniers mois
seulement que je me suis intéressé
au travail de service chez les AA.
Avant cela, j'étais une sorte de parasite
des AA, collé à mon siège, critiquant
les conférenciers et bougonnant au
sujet du café. À présent, je suis passé de
l'autre côté, et je trouve, à mon grand
plaisir, que j'aime ça. »

Extrait d'un article du *AA Grapevine*

20 AOÛT

« La liberté avec Dieu : à nous de choisir »

COFONDATEUR DES AA, BILL W., NOVEMBRE 1960

———

« L'avenir ne peut prendre tout son sens et toute son importance sans poser de nouveaux problèmes et même comporter de graves périls. C'est à travers ces problèmes et ces périls que nous pouvons croître et atteindre la vraie grandeur de l'action et de l'esprit. »

———

Extrait du livre *Le Langage du cœur*

21 AOÛT

« *Savourer notre sobriété* »

NORTH HOLLYWOOD, CALIFORNIE, AOÛT 1982

———

« Les choses qui comptent cessent
d'être celles qui peuvent être tenues dans
la main et deviennent celles que l'on
tient avec le cœur. »

———

Extrait du livre *La sobriété émotive*

22 AOÛT

« Garçon couché sur l'herbe »

ONTARIO, AOÛT 1962

———

« La grâce n'est pas un projet à faire
soi-même. »

———

Extrait du livre *The Best of the Grapevine, Vol. 2*

23 AOÛT

« *La liberté avec Dieu : à nous de choisir* »

COFONDATEUR DES AA, BILL W., NOVEMBRE 1960

———

« Nous ne pouvons pas nous libérer de l'obsession de boire tant que nous n'acceptons pas de nous occuper de nos défauts qui nous ont mis dans cette situation désespérée. Toutefois, pour obtenir l'abstinence, nous devons nous libérer de la peur, de la colère et de l'orgueil, de la révolte et de la satisfaction de soi, de la paresse et de l'irresponsabilité, de la rationalisation insensée et de la malhonnêteté totale, des mauvaises dépendances et de la soif destructive du pouvoir. »

———

Extrait du livre *Le Langage du cœur*

24 AOÛT

« Une fois de plus à la croisée des chemins »

COFONDATEUR DES AA, BILL W., NOVEMBRE 1961

———

« Le temps de le dire, et grâce à Dieu,
chacun d'entre nous a pu acquérir
de plus en plus le sentiment que sa vie a
un sens et un but. »

———

Extrait du livre *Le Langage du cœur*

25 AOÛT

« 8-½ »

BOWLING GREEN, KENTUCKY, OCTOBRE 1986

———

« Mon travail est d'avoir assez d'humilité
pour me voir chez autrui et d'accepter
à la fois moi-même et les autres, en
m'identifiant à eux. La volonté de réparer
mes torts germera de ce geste d'amour. »

———

Extrait du livre *The Best of the Grapevine, Vol. 2*

26 AOÛT

« *Les années dévorées par les sauterelles* »

NEW YORK, NEW YORK, AVRIL 1997

———

« Le pardon est entré dans ma vie par mon cœur, et non par ma tête. »

———

Extrait du livre *The Best of the Grapevine, Vol. 3*

27 AOÛT

« *L'idée de se dépasser* »

MANCHESTER, MASSACHUSETTS, OCTOBRE 1964

———

« Vous ne pouvez pas vous dépasser si vous n'apprenez pas d'abord à être là où vous êtes. »

———

Extrait d'un article du *AA Grapevine*

28 AOÛT

« Qu'est-ce que l'humilité ? »
MILWAUKEE, WISCONSIN, AVRIL 1966

———

« L'humilité est le terreau dans lequel poussent toutes les autres vertus. »

———

Extrait d'un article du *AA Grapevine*

29 AOÛT

« *Le gars au bout du bar* »

MARIETTA, OHIO, AVRIL 1993

———

« Il est impossible de connaître tout le monde, mais si je tente d'établir une connexion avec une seule autre personne, quelque chose se produira, quelque chose de remarquable. »

———

Extrait d'un article du *AA Grapevine*

30 AOÛT

« Plus de hauts que de bas »
NEW CANAAN, CONNECTICUT, JUIN 1974

———

« C'est un sentiment merveilleux
de savoir que l'on n'a pas besoin d'être
un dieu ou une déesse, un saint ou
un génie, pour mener une vie
raisonnablement heureuse, sobre, saine,
communicative, constructive
et utile — avec des rires ici et là
par-dessus le marché. »

———

Extrait d'un article du *AA Grapevine*

31 AOÛT

« *Spiritueux distillés* »

TOBYHANNA, PENNSYLVANIE, JUIN 1995

———

« Ne regrettez pas de vieillir, c'est un privilège qui est refusé à plusieurs. »

———

Extrait d'un article du *AA Grapevine*

SEPTEMBRE

1er SEPTEMBRE

« À quoi ressemblera l'avenir ? »

COFONDATEUR DES AA, BILL W., FÉVRIER 1961

———

« Nous devons grandir ou dépérir. Pour nous, le "statu quo" ne vaut que pour aujourd'hui, pas pour demain. Nous devons changer, nous ne pouvons rester inactifs. »

———

Extrait du livre *Le Langage du cœur*

2 SEPTEMBRE

« *Savourer notre sobriété* »

NORTH HOLLYWOOD, CALIFORNIE, AOÛT 1982

———

« Si nous voulons trouver la croissance
spirituelle et la sérénité, nous devons
habiller nos esprits chaque matin
aussi soigneusement que nous habillons
nos corps. C'est alors seulement
qu'aujourd'hui peut devenir le glorieux
demain que nous attendions avec
impatience hier. »

———

Extrait du livre *La sobriété émotive*

3 SEPTEMBRE

« *La volonté de grandir* »

JOLIET, ILLINOIS, JUILLET 1985

———

« Travailler la Neuvième Étape m'a libéré de mes peurs du passé et m'a donné plus d'énergie à consacrer au temps présent — ce vingt-quatre heures. »

———

Extrait d'un article du *AA Grapevine*

4 SEPTEMBRE

« *Écouter les sentiments d'autrui* »

GRANTS, NOUVEAU-MEXIQUE, JUILLET 1980

———

« J'ai passé des années à chercher les choses qui allaient me séparer du monde, me rendre différent, spécial ou unique, pour le meilleur et pour le pire. (...) À travers les Étapes, j'ai appris à penser au positif — à chercher les ressemblances plutôt que les différences. »

———

Extrait du livre *Young & Sober*

5 SEPTEMBRE

« *À quoi ressemblera l'avenir ?* »

COFONDATEUR DES AA, BILL W., FÉVRIER 1961

« Poursuivons notre inventaire en tant qu'association, cherchons à découvrir nos points faibles et avouons-les sans restrictions. Travaillons à réparer les failles qui peuvent exister dans nos relations, que ce soit à l'intérieur ou à l'extérieur. »

Extrait du livre *Le Langage du cœur*

6 SEPTEMBRE

« *Les médecins* »

COFONDATEUR DES AA, BILL W., AOÛT 1957

———

« (William Duncan Silkworth) nous a fourni les outils qui nous permettent de dégonfler le pire ego alcoolique, ces expressions renversantes avec lesquelles il décrivait notre maladie : l'*obsession mentale* qui nous force à boire, et l'*allergie physique* qui nous condamne à la folie ou à la mort. Sans ces mots de passe indispensables, le mouvement n'aurait peut-être jamais fonctionné. »

———

Extrait du livre *Le Langage du cœur*

7 SEPTEMBRE

*« Lorsque j'avais seize ans,
j'étais prêt »*

MAGNOLIA, ARKANSAS, JANVIER 1978

———

« Je suis heureux de tout ce qui m'est arrivé. J'ai trouvé un mode de vie que je n'échangerais pour rien au monde. »

———

Extrait du livre *Young & Sober*

8 SEPTEMBRE

*« Il faut capituler : ça n'a rien à voir
avec le développement personnel »*

ATLANTA, GÉORGIE, FÉVRIER 1990

―――――

« Chaque fois que je tourne le dos
à la réalité, c'est autant de réalité
que je perds. »

―――――

Extrait du livre *The Best of the Grapevine, Vol. 3*

9 SEPTEMBRE

« *Spirirueux distillés* »

INDIANAPOLIS, INDIANA, AOÛT 1982

———

« L'humilité, ce n'est pas avoir moins d'estime pour soi-même, mais moins de pensées pour soi-même. »

———

Extrait d'un article du *AA Grapevine*

10 SEPTEMBRE

« *Une sensation remarquable* »

THOMPSON, PENNSYLVANIE, MARS 1997

––––––

« Êtes-vous enfin prêt à vous abandonner
et à suivre votre destinée ? »

––––––

Extrait d'un article du *AA Grapevine*

11 SEPTEMBRE

« *Cauchemar d'ado* »

SAN JOSE, CALIFORNIE, OCTOBRE 2011

———

« Chaque fois que les choses se font difficiles, ou que je ne veux pas suivre une suggestion, je me soumets à ma Puissance supérieure et je dis : "Rien que pour aujourd'hui". Cela m'aide à vivre dans l'instant présent. »

———

Extrait du livre *Young & Sober*

12 SEPTEMBRE

« *Spiritueux distillés* »

HERMOSA BEACH, CALIFORNIE, FÉVRIER 1998

———

« La meilleure façon de soulager la
douleur est de pardonner. »

———

Extrait d'un article du *AA Grapevine*

13 SEPTEMBRE

« Notre thème : la responsabilité »

COFONDATEUR DES AA, BILL W., JUILLET 1965

———

« Nous savons de façon à peu près certaine qu'un million d'alcooliques se sont adressés aux AA depuis 30 ans. Qu'est-il arrivé aux 600 000 qui ne sont pas restés avec nous ? »

———

Extrait du livre *Le Langage du cœur*

14 SEPTEMBRE

« Dix-sept ans et sobre »

RICHMOND, NEW YORK, JANVIER 1978

———

« Je réapprends à sourire et à rire, et j'ai même retrouvé un peu de mon respect pour moi-même. (...) J'ai encore des problèmes, mais les AA m'ont appris à les gérer et à ne plus les fuir. »

———

Extrait du livre *Young & Sober*

15 SEPTEMBRE

« *Le leadership chez les AA, toujours un besoin vital* »

COFONDATEUR DES AA, BILL W., AVRIL 1959

« La vision est (...) l'essence même de la prudence. »

Extrait du livre *Le Langage du cœur*

16 SEPTEMBRE

« *Entendu lors des réunions* »
JANVIER 1961

———

« Lorsque tout le reste échoue, essayez
de suivre des directives. »

———

Extrait d'un article du *AA Grapevine*

17 SEPTEMBRE

« *Le gars de la haine et de la douleur* »

EUGENE, OREGON, JUILLET 2002

———

« L'espoir peut être pas mal contagieux. »

———

Extrait du livre *I Am Responsible*

18 SEPTEMBRE

« *La clé de l'appartenance* »

MANCHESTER, NEW HAMPSHIRE,
SEPTEMBRE 2000

———

« J'ai découvert qu'il y a réellement
une méthode plus facile, plus douce—
faire partie du groupe. »

———

Extrait du livre *I Am Responsible*

19 SEPTEMBRE

« La grande vie »

SCHAUMBERG, ILLINOIS, MARS 2006

———

« Il m'a fallu beaucoup de temps pour
réaliser que les AA n'étaient pas
là pour limiter ma vie, mais plutôt
pour la remplir. »

———

Extrait du livre *Young & Sober*

20 SEPTEMBRE

« *Les principes fondamentaux avec le recul* »

COFONDATEUR DES AA, DR BOB, SEPTEMBRE 1948

———

« L'ego de l'alcoolique meurt d'une mort difficile (...) les auréoles ne sont pas pour nous. »

———

Extrait du livre *Spiritual Awakenings*

21 SEPTEMBRE

« *L'amoureux de personne* »

MORENO VALLEY, CALIFORNIE, DÉCEMBRE 1992

———

« Mon nouvel ami m'a demandé
à quand remontait mon dernier verre,
la dernière fois que j'avais mangé,
et si j'allais dormir sous un toit cette nuit.
Il m'a raconté son histoire. (...) Mon
espoir s'est affermi, et j'ai su que je venais
de trouver une nouvelle façon de vivre
sans alcool. »

———

Extrait du livre *I Am Responsible*

22 SEPTEMBRE

« *La correspondance de Bill W. avec Carl Jung* »

DR C.G. JUNG, JANVIER 1963

« Alcool, en latin, se dit "spiritus", et vous vous servez du même mot pour décrire à la fois la plus grande expérience religieuse et le plus dégradant des poisons. La formule utile devient donc : spiritus contra spiritum. »

Extrait du livre *Le Langage du cœur*

23 SEPTEMBRE

« *La fontaine de Jouvence* »

NELSON, NEW HAMPSHIRE, AOÛT 1998

———

« Je me présente de bonne heure, je m'implique et je tends la main à la prochaine personne qui franchit la porte. C'est incroyable : il est si simple de faire la différence pour autrui et pour soi-même, il suffit d'accepter de transmettre le message. »

———

Extrait du livre *Young & Sober*

24 SEPTEMBRE

« *Les principes fondamentaux avec le recul* »

COFONDATEUR DES AA, DR BOB, SEPTEMBRE 1948

———

« Les Alcooliques anonymes sont nés autour de la table d'une cuisine. (...) Il est vrai, nous avons progressé matériellement vers de nouveaux meubles plus confortables. Cependant, la table de cuisine sera toujours assez bonne pour nous. C'est le symbole parfait de la simplicité. »

———

Extrait du livre *Spiritual Awakenings*

25 SEPTEMBRE

« *La Cinquième Tradition* »
NEW YORK, NEW YORK, JUIN 1970

———

« Je ne suis pas de l'avis que le nouveau venu est le membre le plus important de toute réunion. (...) Les anciens qui m'ont montré le chemin sont tout aussi importants, et tout autre membre qui souffre peut-être aujourd'hui. Si les nouveaux venus sont en effet le souffle vital des AA, les anciens et les moins anciens sont la peau et la colonne vertébrale. »

———

Extrait du livre *I Am Responsible*

26 SEPTEMBRE

« *Plus d'une façon* »

CLEVELAND, OHIO, FÉVRIER 2010

———

« J'ai appris à placer les principes avant
les personnalités,
à comprendre que c'est correct de me
tromper et que c'est également
correct pour moi de laisser les autres
se tromper et commettre des erreurs.
Apprendre à passer à autre chose
est une grande partie du travail de
service à tous les niveaux. »

———

Extrait du livre *Young & Sober*

27 SEPTEMBRE

« Notre thème : la responsabilité »

COFONDATEUR DES AA, BILL W., JUILLET 1965

———

« Souvent, j'ai vu notre association timide et craintive, en colère et orgueilleuse, apathique et indifférente. Souvent aussi, j'ai vu ces traits négatifs s'évanouir pendant que nous apprenions et appliquions avec joie les leçons de l'expérience. »

———

Extrait du livre *Le Langage du cœur*

28 SEPTEMBRE

« À quelle réunion irez-vous demain ? »

SANTA ROSA, CALIFORNIE, NOVEMBRE 1999

———

« Mon rétablissement dépend de bien des personnes qui me tendent la main. L'accueil que j'ai reçu était plus que des mots. C'était des mots suivis d'actions. »

———

Extrait du livre *I Am Responsible*

29 SEPTEMBRE

« Alors c'est ça, c'est un réveil spirituel ! »
YORK, PENNSYLVANIE, JANVIER 1977

————

« Je connaissais un réveil spirituel sans le savoir. Mon questionnement confus au sujet d'une Puissance supérieure, mon changement d'attitude mentale, et même mon rétablissement physique, tout cela faisait partie de mon réveil spirituel. Sans le savoir, j'étais entré en contact avec la source de la vie, peu importe Qui ou qu'est-ce que cela pouvait être. »

————

Extrait du livre *Spiritual Awakenings*

30 SEPTEMBRE

« *Spiritueux distillés* »

INDIANAPOLIS, INDIANA, AOÛT 1982

———

« Laissons les soucis d'aujourd'hui
suffirent à aujourd'hui. »

———

Extrait d'un article du *AA Grapevine*

OCTOBRE

1er OCTOBRE

« *Recherché* »

MANKATO, MINNESOTA, MAI 1997

————

« La vie n'a pas toujours été sans heurt, mais grâce aux AA, je n'ai plus besoin de vivre dans la peur. Je dors la nuit. (...) J'ai une raison de vivre. »

————

Extrait du livre *Young & Sober*

2 OCTOBRE

« Cinquième Tradition »

COFONDATEUR DES AA, BILL W., SEPTEMBRE 1952

———

« Tout membre des AA a cette unique capacité de s'identifier au nouveau et de lui offrir le moyen de se rétablir; et cette capacité n'a absolument rien à voir avec l'instruction, l'éloquence ou tout autre talent personnel. La seule chose qui compte, c'est qu'il est un alcoolique qui a trouvé la voie vers la sobriété. »

———

Extrait d'un article du *AA Grapevine* (Reproduit dans *Les Douze Étapes et les Douze Traditions*)

3 OCTOBRE

« *À quoi ressemblera l'avenir ?* »

COFONDATEUR DES AA, BILL W., FÉVRIER 1961

―――――

« Rappelons-nous ces innombrables
alcooliques qui souffrent encore et qui
sont toujours sans espoir. Tâchons à
tout prix, peu importe les sacrifices,
d'améliorer nos communications avec eux
pour qu'ils puissent tous trouver ce
que nous avons trouvé : une vie nouvelle,
faite de liberté avec Dieu. »

―――――

Extrait du livre *Le langage du coeur*

4 OCTOBRE

« *Ne rien cacher* »

JANVIER 1967

———

« Plus je suis prêt à admettre quand j'ai tort, moins il arrive que je me trouve dans une telle situation. »

———

Extrait d'un article du *AA Grapevine*

5 OCTOBRE

« *Trouver la paix* »

GOLD RIVER, CALIFORNIE, DÉCEMBRE 1996

———

« Je crois que la paix que j'obtiens en pratiquant la Dixième Étape est le sentiment de Dieu. »

———

Extrait d'un article du *AA Grapevine*

6 OCTOBRE

« *Écouter les sentiments d'autrui* »

GRANTS, NOUVEAU-MEXIQUE, JUILLET 1980

———

« J'ai un mode de vie qui comble tous les vides que j'ai jamais ressentis. »

———

Extrait du livre *Young & Sober*

7 OCTOBRE

« *Les principes fondamentaux avec le recul*»

COFONDATEUR DES AA, DR BOB, SEPTEMBRE 1948

———

« Chez les AA il n'y a pas de VIP, et nous n'en avons pas besoin. Notre organisation n'a pas besoin de champions, ni d'édifices grandioses. (...) L'expérience nous enseigne que la simplicité est essentielle pour préserver notre sobriété personnelle et assister ceux qui ont besoin d'aide. »

———

Extrait du livre *Spiritual Awakenings*

8 OCTOBRE

« *Le leadership chez les AA, toujours un besoin vital* »

COFONDATEUR DES AA, BILL W., AVRIL 1959

———

« Toute idée ou projet intéressant peut venir de n'importe qui ou de n'importe où. Par conséquent, il sait mettre de côté ses projets préférés au profit d'autres meilleurs, tout en laissant le mérite à ceux qui en sont les auteurs. »

———

Extrait du livre *Le Langage du cœur*

9 OCTOBRE

« *La clé de l'appartenance* »

MANCHESTER, NEW HAMPSHIRE, SEPTEMBRE 2000

———

« Ce que j'étais prêt à offrir aux AA,
le plus souvent à travers mon
groupe d'attache, j'en ai reçu le décuple
en paix d'esprit. »

———

Extrait du livre *I Am Responsible*

10 OCTOBRE

« *Spiritueux distillés* »

INDIANAPOLIS, INDIANA, AOÛT 1982

———

« Nourrissez votre foi et affamez vos doutes. »

———

Extrait d'un article du *AA Grapevine*

11 OCTOBRE

« *Une sensation remarquable* »
THOMPSON, PENNSYLVANIE, MARS 1997

———

« Tant et aussi longtemps que je suis prêt à accomplir ce que je suis appelé à faire à tout moment et à abandonner tout effort de contrôler le résultat de mes actes, alors je suis sur la voie que ma Puissance supérieure — qu'on l'appelle Dieu, le guide, l'âme, le souffle de la vie, ou n'importe quoi d'autre — a prescrite pour moi. »

———

Extrait d'un article du *AA Grapevine*

12 OCTOBRE

« *Spiritueux distillés* »

INDIANAPOLIS, INDIANA, AOÛT 1982

————

« Vous n'aidez personne en tentant
de les impressionner; vous impressionnez
ceux que vous tentez d'aider. »

————

Extrait d'un article du *AA Grapevine*

13 OCTOBRE

« *Avant tout un alcoolique* »
TOLEDO, OHIO, SEPTEMBRE 1982

———

« En appliquant les principes du programme, j'ai acquis ma liberté — la liberté d'être moi-même, de m'aimer tel que je suis, de devenir ce que ma Puissance supérieure a prévu pour moi, un jour à la fois — la liberté de vivre le genre de vie qui me met le plus à l'aise, celle d'aimer et celle de rire. »

———

Extrait du livre *In Our Own Words*

14 OCTOBRE

« *À quoi ressemblera l'avenir ?* »

COFONDATEUR DES AA, BILL W., FÉVRIER 1961

———

« Nous n'avons pas à changer ces vérités, mais nous pouvons certainement améliorer notre façon de les appliquer, à nous-mêmes, au mouvement, et à nos rapports avec le monde qui nous entoure. Nous pouvons constamment accroître la pratique de "ces principes dans tous les domaines de notre vie". »

———

Extrait du livre *I Am Responsible*

15 OCTOBRE

« *C'était peut-être la fois où...* »

LOIS W., ÉPOUSE DU COFONDATEUR DES AA, BILL W.,
FÉVRIER 1950

———

« L'association des AA est unique.
Des liens qui prendraient des années à
se nouer ailleurs sont créés du jour au
lendemain. Personne n'a besoin d'une
façade trompeuse. Toutes les barrières
sont tombées. Certains qui se sentaient
rejetés leur vie entière savent à
présent qu'ils ont réellement leur place.
Après avoir eu la sensation de traîner
un boulet toute leur vie, voilà qu'ils
voguent librement dans le vent. »

———

Extrait du livre *The Best of the Grapevine, Vol. 2*

16 OCTOBRE

« *Spiritueux distillés* »

INDIANAPOLIS, INDIANA, AOÛT 1982

———

« Il est difficile de garder un esprit ouvert
quand on a la bouche ouverte. »

———

Extrait d'un article du *AA Grapevine*

17 OCTOBRE

« *Spiritueux distillés* »

INDIANAPOLIS, INDIANA, AOÛT 1982

———

« Se plaindre ne fait pas partie du
travail des Étapes. »

———

Extrait d'un article du *AA Grapevine*

18 OCTOBRE

« *Le cadeau du temps* »

DOVER, PENNSYLVANIE, JUIN 1991

———

« On m'a dit que parfois un bon parrain dérange celui qui est trop confortable et conforte celui qui se sent dérangé. »

———

Extrait du livre *In Our Own Words*

19 OCTOBRE

« *Rechutes et nature humaine* »

DR WILLIAM DUNCAN SILKWORTH, MÉDECIN,
JANVIER 1947

———

« Il y a une tendance à étiqueter tout ce
qu'un alcoolique pourrait faire comme
étant un "comportement d'alcoolique."
Mais à la vérité, il s'agit là tout
simplement de la nature humaine. (...)
Les caprices mentaux et émotionnels
sont classifiés comme étant des
symptômes de l'alcoolisme simplement
parce que les alcooliques les possèdent,
bien que ces mêmes caprices
se retrouvent également chez
les non-alcooliques. Ce sont en fait
les symptômes de l'humanité. »

———

Extrait du livre *The Best of the Grapevine, Vol. 2*

20 OCTOBRE

« Le Mouvement fonctionne grâce aux services »

COFONDATEUR DES AA, BILL W., NOVEMBRE 1951

————

« Nous avons compris qu'il nous fallait des comités de services, sinon nous ne pourrions pas fonctionner, et peut-être même allions-nous nous désagréger complètement. Il nous fallait en fait *organiser des services pour que le mouvement reste simple.* »

————

Extrait du livre *Le Langage du cœur*

21 OCTOBRE

« Pourquoi les Alcooliques anonymes sont anonymes »

COFONDATEUR DES AA, BILL W., JANVIER 1955

———

« Au début, nous avons sacrifié l'alcool. Il le fallait, sinon il nous aurait tués. Mais nous ne pouvions nous débarrasser de l'alcool sans faire d'autres sacrifices. Il fallait laisser tomber notre mentalité de gros bonnets et de poseurs. Il nous fallait jeter par la fenêtre l'autojustification, l'apitoiement et la colère. Il nous fallait abandonner cette folle compétition pour le prestige personnel et les gros comptes de banque. Il nous fallait admettre que nous étions responsables de notre piteux état et cesser d'en blâmer les autres. »

———

Extrait du livre *Le Langage du cœur*

22 OCTOBRE

« Ensemble nous pouvons »

MARTINSVILLE, VIRGINIE-OCCIDENTALE, JANVIER 1990

———

« Parler de ce qui m'agace amoindrit
l'emprise que cela a sur moi. »

———

Extrait du livre *The Best of the Grapevine, Vol. 3*

23 OCTOBRE

« *Une longue descente* »

ARLINGTON, TEXAS, JUILLET 1994

———

« J'apprends à être une mère, une
amie, une grand-mère et une sœur.
Mes amis forment un groupe de soutien
soudé, et ils sont tout près, il n'y a
qu'à téléphoner. »

———

24 OCTOBRE

« *Amour* »

NORTH HOLLYWOOD, CALIFORNIE, SEPTEMBRE 1988

———

« Lorsque nous aimons, nous voyons
chez les autres ce que nous souhaitons
voir en nous-mêmes. »

———

Extrait du livre *The Best of the Grapevine, Vol. 3*

25 OCTOBRE

« Docteur ès ivresse »

GREENSBORO, CAROLINE DU NORD, FÉVRIER 1987

———

« L'orgueil que j'attachais à mon
intelligence me rendait aveugle
à mon ignorance. »

———

Extrait du livre *The Best of the Grapevine, Vol. 3*

26 OCTOBRE

« *Vérité* »

KEY WEST, FLORIDE, AOÛT 1973

―――――

« La vérité n'est pas une massue à
employer sans discernement. (...)
Lorsqu'on me demande une opinion ou
un conseil, je le donne du mieux que
je peux, avec autant de douceur,
de compréhension et de tolérance
que je puisse trouver. »

―――――

Extrait du livre *The Best of the Grapevine, Vol. 1*

27 OCTOBRE

« *Dixième Tradition* »

NEW YORK, NEW YORK, MAI 1971

———

« Nous savons tous de qui on fait
l'inventaire chez les AA, pas vrai ? »

———

Extrait du livre *The Best of the Grapevine, Vol. 1*

28 OCTOBRE

« *Continuez à revenir — quoi qu'il arrive* »

SALT LAKE CITY, UTAH, NOVEMBRE 2000

―――

« Je ne sais pas comment j'ai accumulé autant de temps, ni ce qui m'a gardé abstinent. Mais si je devais deviner, je dirais que cela suit notre slogan : "Continuez à revenir, quoi qu'il arrive." »

―――

Extrait du livre *In Our Own Words*

29 OCTOBRE

« *Le service est la raison* »

WINNIPEG, MANITOBA, JUIN 1979

———

« Je ne peux plus utiliser la maladie de l'alcoolisme comme excuse pour tout. Cependant, rien n'est gratuit. Si je n'utilise pas mon rétablissement pour aider les autres, alors je retomberai malade. »

———

Extrait du livre *The Best of the Grapevine, Vol. 3*

30 OCTOBRE

« *La fin de la solitude* »

FLUSHING, NEW YORK, MARS 1995

———

« J'ai trouvé le réconfort, l'amour, et
le soutien dont j'ai besoin pour recoller
les pots cassés et réessayer après avoir
rencontré des obstacles. (...) Je ne suis pas
seul sur cette route. »

———

Extrait du livre *The Best of the Grapevine, Vol. 3*

31 OCTOBRE

« *La vie est faite pour être vécue* »

SPRING HILL, FLORIDE, SEPTEMBRE 1985

———

« Il reste encore des torts à réparer,
des lettres à envoyer, du travail
de Douzième Étape à accomplir, des
responsabilités à assumer et de franches
discussions à avoir avec ceux que
l'on aime. La vie est faite pour être vécue
en affrontant les défis qu'elle apporte.
Sinon, je ne vis pas, je ne fais qu'exister. »

———

Extrait du livre *The Best of the Grapevine, Vol. 3*

NOVEMBRE

1er NOVEMBRE

« *La sobriété pour nous-mêmes* »

NEW YORK, NEW YORK, NOVEMBRE 1946

———

« Le rire est l'un des plus beaux et l'un des plus généreux dons de Dieu. Riez parfois de vous-même avec Lui. »

———

Extrait du livre *Thank You for Sharing*

2 NOVEMBRE

Éditorial

COFONDATEUR DES AA, BILL W., NOVEMBRE 1958

———

« La souffrance n'est plus une menace à
éviter à tout prix. Lorsqu'elle survient,
peu importe le degré de sa gravité, nous
voyons qu'elle aussi a sa raison d'être.
Elle nous apprend beaucoup, car elle
révèle nos défauts et nous pousse ainsi
vers l'avant sur la voie du progrès.
La douleur de l'alcool a fait cela pour
nous. Toutes les autres souffrances le
peuvent aussi. »

———

Extrait d'un article du *AA Grapevine*

3 NOVEMBRE

« Petit à petit »

MAI 1953

———

« Le bonheur, ce n'est pas une station à laquelle nous arrivons; c'est une manière de voyager. »

———

Extrait d'un article du *AA Grapevine*

4 NOVEMBRE

« *Le "charme" des alcooliques* »
FULTON OURSLER, AMI DES AA, JUILLET 1944

———

« Je compte parmi mes amis des petites
et grandes stars de la scène et du cinéma;
les écrivains font partie de mon
quotidien; je connais des personnes
appartenant aux deux partis politiques;
j'ai été reçu à la Maison-Blanche; j'ai
partagé mon pain avec des rois, des
ministres et des ambassadeurs; et
je dirais, après la liste que je viens de
faire, que je préférerais passer la soirée
avec mes amis des AA plutôt qu'avec
n'importe quel membre des groupes que
je viens de nommer. »

———

Extrait du livre *The Best of the Grapevine, Vol. 1*

5 NOVEMBRE

« *Réunions, réunions, réunions* »

GRAND RAPIDS, MICHIGAN, OCTOBRE 1981

———

« La meilleure façon d'apprécier
les AA c'est de le faire comme lorsqu'on
apprécie un vitrail : le regarder
de l'intérieur. »

———

Extrait du livre *Heureux, joyeux et libres*

6 NOVEMBRE

« *Pourquoi les Alcooliques anonymes sont anonymes* »

COFONDATEUR DES AA, BILL W., JANVIER 1955

« Nous pouvons, en rompant l'anonymat, retourner à notre vieille et désastreuse poursuite du pouvoir et du prestige personnels, des honneurs publics et de l'argent, ces mêmes désirs implacables qui, un jour, parce que nous ne pouvions les satisfaire, nous ont poussés à boire; ce sont ces mêmes forces qui poussent aujourd'hui le monde à la ruine. »

Extrait du livre *Le Langage du cœur*

7 NOVEMBRE

« *Réunions, réunions, réunions* »
GRAND RAPIDS, MICHIGAN, OCTOBRE 1981

———

« Quand je buvais, je craignais de rester en-deçà de mon potentiel. Devenu abstinent, je crains de peut-être y parvenir. »

———

Extrait du livre *Heureux, joyeux et libres*

8 NOVEMBRE

« *La sobriété pour nous-mêmes* »

NEW YORK, NEW YORK, NOVEMBRE 1946

———

« Se connaître soi-même ne consiste pas simplement à revoir ses "méfaits"; ils ne vous représentent pas. (...) Vos incertitudes, vos peurs et vos appréhensions, vos envies immatures, votre complaisance (...) elles sont toutes engagées par votre corps physique, guidées par vos instincts trompeurs et votre imagination, plutôt que par votre véritable être, qui est l'âme : l'esprit intérieur. C'est là où se trouve votre conscience, ainsi que votre sagesse et votre force—et personne ne peut y toucher sauf vous. »

———

Extrait du livre *Thank You for Sharing*

9 NOVEMBRE

« *La mémoire de ma peine, une bénédiction* »

KENNER, LOUISIANE, JANVIER 1996

———

« Les choses ne baignent pas toujours dans l'huile mais elles ne sont certainement pas comparables à ce qu'elles étaient. Dieu m'a accordé une grande bénédiction : la mémoire de ma peine, et cela m'a beaucoup aidé (...) lorsque l'idée de m'évader surgissait à mon esprit. »

———

Extrait du livre *Young & Sober*

10 NOVEMBRE

« Changement de direction »

COLLEGE PARK, MARYLAND, JUIN 1982

———

« Je réalise à présent que la plupart des problèmes dans ma vie résultaient directement de mes tentatives de gérer ma propre vie, de contrôler ma propre destinée. Je suis reconnaissant qu'aujourd'hui, sobre, je peux encore affirmer que j'ai "perdu la maîtrise de ma vie". »

———

Extrait du livre *Spiritual Awakenings*

11 NOVEMBRE

« *Au-delà du fossé des générations* »

SARATOGA, CALIFORNIE, AOÛT 1985

———

« Il ne faut donc pas craindre
d'ennuyer ou de troubler nos camarades
en parlant de nos réactions face à
ce qui nous arrive à un moment ou
l'autre, parce que c'est de cette façon
que nous apprenons à vivre. »

———

Extrait du livre *Le groupe d'attache*

12 NOVEMBRE

« *Cultiver la tolérance* »

COFONDATEUR DES AA, DR BOB, JUILLET 1944

———

« La tolérance (...) encourage
une ouverture d'esprit très importante :
elle est, en fait, une condition
préalable à l'aboutissement de toute
recherche, qu'elle soit scientifique
ou spirituelle. »

———

Extrait du livre *The Best of the Grapevine, Vol. 1*

13 NOVEMBRE

« *Rien qu'un ivrogne* »

AURORA, ILLINOIS, AOÛT 1992

———

« Je prie de demeurer humble et
de ne pas oublier que je ne suis qu'un
ivrogne, sobre aujourd'hui par la grâce
de Dieu et le programme des AA. »

———

Extrait d'un article du *AA Grapevine*

14 NOVEMBRE

« L'alcoolisme et les Alcooliques anonymes »

DR MARVIN A. BLOCK, AMI DES AA,
FÉVRIER 1974

« Une fois que l'alcoolique comprend qu'il est souhaitable d'accepter la réalité, du mieux qu'il peut et dans les limites du possible, il a fait un pas vers la maturité. La différence entre la personne qui est en bonne santé mentale et celle qui ne l'est pas est l'habileté d'affronter les réalités de la vie. »

Extrait du livre *I Am Responsible*

15 NOVEMBRE

« *Illumination pratique* »
SAN FRANCISCO, CALIFORNIE, AOÛT 1995

———

« L'ouverture d'esprit me semble
être un principe spirituel fondamental
du programme. (...) Sans cela,
je ne peux changer. »

———

Extrait du livre *Spiritual Awakenings*

16 NOVEMBRE

« *La foi se trouve dans l'action* »

CULVER CITY, CALIFORNIE, MAI 1977

———

« Que ma conception de Dieu soit un ensemble de lois cosmiques immuables ou l'image d'un vieil homme à barbe blanche en peignoir assorti, cela n'a absolument aucune importance. Tout ce qui importe, ce sont mes valeurs et mon comportement, et les actions que j'entreprends. »

———

Extrait du livre *Spiritual Awakenings*

17 NOVEMBRE

« *L'amoureux de personne* »

MORENO VALLEY, CALIFORNIE, DÉCEMBRE 1992

———

« Ce sont les actions d'autrui qui m'ont offert un soutien infaillible durant ma sobriété. Cela montre également comment je dois répondre à ceux à qui je peux venir en aide. Je suis responsable de m'assurer que la main des AA soit toujours là pour tous. »

———

Extrait du livre *I Am Responsible*

18 NOVEMBRE

« La lumière à la fenêtre »

LAKE WORTH, FLORIDE, JUIN 1999

———

« Il n'est pas possible pour nous tous
d'être des solitaires. »

———

Extrait du livre *I Am Responsible*

19 NOVEMBRE

« *La vieille peur devait partir* »

BINGHAMTON, NEW YORK, AVRIL 1968

———

« À travers la Onzième Étape des AA, je construis aujourd'hui la route sur laquelle je voyagerai demain. »

———

Extrait d'un article du *AA Grapevine*

20 NOVEMBRE

« *Le Mouvement n'est pas une grande entreprise* »

COFONDATEUR DES AA, BILL W., NOVEMBRE 1950

———

« Nous avons résolu de ne jamais laisser l'argent ou l'administration de ces services nécessaires éclipser notre but spirituel. »

———

Extrait du livre *Le Langage du cœur*

21 NOVEMBRE

« Prière »

SEATTLE, WASHINGTON, AVRIL 1974

———

« L'équilibre émotionnel que j'avais perdu
me revient avec la prière. »

———

Extrait du livre *Spiritual Awakenings*

22 NOVEMBRE

« *Septième Tradition* »

COFONDATEUR DES AA, BILL W., JUIN 1948

———

« Nous, les AA, nous avons déjà été un fardeau pour tout le monde. Nous étions des "profiteurs". Maintenant que nous sommes abstinents, que nous sommes devenus, par la grâce de Dieu, des citoyens responsables, pourquoi ne pas faire volte-face et commencer à être des "donneurs reconnaissants"? Il serait grandement temps ! »

———

Extrait du livre *Le Langage du cœur*

23 NOVEMBRE

« *Faire confiance au silence* »
NOVEMBRE 1991

———

« Mes prières sont habituellement
courtes et concises. "À l'aide!" en est une
que j'utilise fréquemment. »

———

Extrait du livre *The Best of the Grapevine, Vol. 3*

24 NOVEMBRE

« *Continuez à avancer* »

NEW CANAAN, CONNECTICUT, AVRIL 1976

« Je sais que je ne suis pas bon à rien,
même lorsque je pense que je le suis.
Je sais que la liberté et l'utilité, l'amour,
l'ouverture aux autres, et le partage sont
ce qui importe dans la vie. »

Extrait du livre *The Best of the Grapevine, Vol. 1*

25 NOVEMBRE

« *De retour d'Haïti* »

IOWA CITY, IOWA, AOÛT 2012

———

« Je sais que je ne serai jamais sobre suffisamment longtemps pour être complètement à l'abris de l'alcool. »

———

Extrait d'un article du *AA Grapevine*

26 NOVEMBRE

« Je ne peux m'en prendre qu'à moi-même »

NIPAWIN, SASKATCHEWAN, NOVEMBRE 2003

———

« Après avoir constitué pendant tant d'années un danger, au mieux une nuisance publique, je me sens obligé de faire quelque chose de positif. »

———

Extrait du livre *Heureux, joyeux et libres*

27 NOVEMBRE

« Une autre main pour m'aider en chemin »

ALLYN, WASHINGTON, FÉVRIER 1997

———

« Il y a toujours une grâce pour les jours où je me sens impuissant. »

———

Extrait du livre *The Best of the Grapevine, Vol. 3*

28 NOVEMBRE

« *Merci, l'Amérique!* »

NEW YORK, NEW YORK, AOÛT 2012

―――

« Je suis allé à Paris lorsque j'étais jeune pour devenir un artiste. Je voulais devenir riche et célèbre, mais Dieu avait prévu autre chose pour moi. Je ne suis ni riche ni célèbre. Mais j'ai trouvé la sobriété. »

―――

Extrait d'un article du *AA Grapevine*

29 NOVEMBRE

« *Gratitude* »

NEW CANAAN, CONNECTICUT, SEPTEMBRE 1979

———

« N'attendez pas d'être déprimé pour
cultiver la gratitude. »

———

Extrait du livre *Voices of Long-Term Sobriety*

30 NOVEMBRE

« *Le besoin de creuser davantage* »

SHREVEPORT, LOUISIANE, AOÛT 2012

———

« Plus je vois la valeur et la dignité
en chaque être humain, plus je vis sur un
pied d'égalité avec tout
le monde. »

———

Extrait d'un article du *AA Grapevine*

DÉCEMBRE

1er DÉCEMBRE

« *Puis sont arrivées Susan et Dottie* »

ELKTON, MARYLAND, AOÛT 2012

———

« Vivre sobre n'est pas toujours une partie de plaisir. Mais ce qu'il y a de bien, c'est que quand l'angoisse me prend, tout va bien. Je n'ai pas besoin de boire pour y remédier. C'est la même chose avec la tristesse, l'inquiétude et la peur. »

———

Extrait d'un article du *AA Grapevine*

2 DÉCEMBRE

« Continuez à avancer »
NEW CANAAN, CONNECTICUT, AVRIL 1976

———

« Merci à Dieu pour toutes les
merveilleuses personnes, professionnelles
et autres, qui m'ont aidé ou ont tenté
de le faire. Même lorsque l'aide n'a
pas porté ses fruits, elle m'a poussé à
continuer d'avancer, à continuer
d'essayer. »

———

Extrait du livre *The Best of the Grapevine, Vol. 1*

3 DÉCEMBRE

« *La question de l'honnêteté* »
COFONDATEUR DES AA, BILL W., AOÛT 1961

———

« Quand la vie nous met devant un
dilemme aussi déchirant, nous ne
pouvons être blâmés de ne pas savoir
quoi faire. En fait, notre premier devoir
est d'admettre que nous ne savons pas
quoi faire. »

———

Extrait du livre *Le Langage du cœur*

4 DÉCEMBRE

« Vérité »

KEY WEST, FLORIDE, AOÛT 1973

« La vérité n'est pas un absolu immuable,
un sommet de granit, éternel, fixe,
dissimulé la tête dans les nuages. La
vérité est comme une danseuse étoile,
se mouvant en arabesques colorées
et musicales, toujours changeante, en
parfaite harmonie. »

Extrait du livre *The Best of the Grapevine, Vol. 1*

5 DÉCEMBRE

« *Coincé au pays de la haine* »
LA VERNE, CALIFORNIE, DÉCEMBRE 1966

« Pour se débarrasser du ressentiment,
le plus important, c'est de savoir
qu'on en a. On ne peut rien réparer sans
savoir ce qui ne va pas. »

Extrait du livre *The Best of the Grapevine, Vol. 1*

6 DÉCEMBRE

« *Le Mouvement fonctionne grâce aux services* »

COFONDATEUR DES AA, BILL W., NOVEMBRE 1951

———

« En 1937, certains d'entre nous ont réalisé qu'il fallait de la documentation sur les AA. Un livre était nécessaire. (...) Eh bien, il y a eu de violentes querelles au sujet de la rédaction et de la diffusion de ce livre des AA. En fait, il a fallu attendre cinq ans pour que les clameurs s'apaisent. Si certains membres s'imaginent que les anciens qui ont produit le Gros Livre méditaient sereinement, vêtus de robes blanches, ils font mieux d'oublier cette image. »

———

Extrait du livre *Le Langage du cœur*

7 DÉCEMBRE

« Avez-vous déjà connu l'ivresse mentale ? »

DAYTON, OHIO, AVRIL 1962

———

« Il y a eu de sombres jours où c'est une volonté infiniment plus grande que la mienne qui a maintenu ma sobriété. »

———

Extrait du livre *The Best of the Grapevine, Vol. 1*

8 DÉCEMBRE

« *Ce que m'a appris mon parrain* »
AUSTIN, TEXAS, MAI 2003

———

« On essaie de transmettre
le message afin de rester abstinent soi-
même. Si la personne que l'on aide
trouve la sobriété, c'est un bonus
supplémentaire. »

———

Extrait du livre *I Am Responsible*

9 DÉCEMBRE

« *Ces dépressions, faites-en bon usage !* »
NEW YORK, NEW YORK, AOÛT 1948

———

« Si nous pouvons cesser d'essayer de prouver que nous sommes des gens remarquables, il est fort probable que nous nous calmerons et pourrons enfin profiter pleinement de ce que la vie nous offre. »

———

Extrait du livre *The Best of the Grapevine, Vol. 1*

10 DÉCEMBRE

« Prochain objectif : la sobriété émotive »

COFONDATEUR DES AA, BILL W., JANVIER 1958

———

« Son bonheur n'est qu'un effet secondaire, un dividende de plus de l'amour donné sans rien attendre en retour. »

———

Extrait du livre *Le Langage du cœur*

11 DÉCEMBRE

« *Comment fonctionnent les AA* »

SANTA FE, NOUVEAU-MEXIQUE, MAI 1972

———

« Si vous êtes égaré, seul, oublié, rejeté,
ce qu'il y a de plus important au monde,
c'est cette main tendue vers vous. »

———

12 DÉCEMBRE

« Première Tradition »

NEW YORK, NEW YORK, NOVEMBRE 1969

———

« Le simple fait de prendre contact avec les AA, en un instant, a chassé toute la noire solitude qui enveloppait ma vie. »

———

Extrait du livre *The Best of the Grapevine, Vol. 1*

13 DÉCEMBRE

« *Ne vous cachez pas chez les AA* »

FOREST HILLS, NEW YORK, JANVIER 1967

———

« Ni Dieu ni les AA ne peuvent
nous venir en aide si nous ne sommes
pas prêts à recevoir de l'aide. »

———

Extrait du livre *The Best of the Grapevine, Vol. 1*

14 DÉCEMBRE

« Qu'est-ce que l'acceptation ? »

COFONDATEUR DES AA, BILL W., MARS 1962

———

« Nous verrons aussi, en tentant de mettre en pratique cet important principe, que le formidable éventail de souffrances et de problèmes de la vie demande souvent bien des degrés d'acceptation. (...) Tantôt, il nous faut trouver la bonne forme d'acceptation pour chaque jour. Tantôt, il nous faut accepter ce qui pourrait arriver demain. Tantôt encore, nous devons accepter une situation qui pourrait bien ne jamais changer. Et puis, il nous faut souvent une acceptation juste et réaliste de nos défauts les plus graves et de ceux des gens qui nous entourent, des défauts qu'il faudra peut-être mettre des années à corriger — et qui ne le seront peut-être jamais. »

———

Extrait du livre *Le Langage du cœur*

15 DÉCEMBRE

« Qu'en est-il de ce plan de 24 heures ? »

NEW YORK, NEW YORK, JANVIER 1968

––––––

« Avec un alcoolique en rétablissement, l'action doit précéder la compréhension et la foi. (...) Nos actions nous mènent vers une bonne façon de penser, et non le contraire. »

––––––

Extrait du livre *The Best of the Grapevine, Vol. 1*

16 DÉCEMBRE

« *Après la chute* »

SPARKS, NEVADA, AOÛT 1969

―――

« Je dois continuer à voir ce qui me lie
au Dieu que je suis capable d'identifier,
tout autant que je travaille à faire de
chaque minute une minute de sobriété. »

―――

Extrait du livre *The Best of the Grapevine, Vol. 1*

17 DÉCEMBRE

« Rechutes et nature humaine »

DR WILLIAM DUNCAN SILKWORTH,
JANVIER 1947

———

« La rechute alcoolique n'est pas le symptôme d'une condition psychotique. Il n'y a rien de cinglé là-dedans. *Le patient n'a simplement pas suivi les directives.* »

———

Extrait du livre *The Best of the Grapevine, Vol. 1*

18 DÉCEMBRE

« *Deuxième Tradition* »

NEW YORK, NEW YORK, DÉCEMBRE 1969

───────

« Il faut que ce soit l'amour, et non
la structure directrice du Mouvement,
qui soude les AA. »

───────

Extrait du livre *The Best of the Grapevine, Vol. 1*

19 DÉCEMBRE

« *Accepter l'invitation* »

OKMULGEE, OKLAHOMA, MAI 1994

———

« J'ai accepté l'invitation de répondre
à un appel de Douzième Étape et
en retour, c'est moi qui ai bénéficié de
la Douzième Étape. »

———

Extrait du livre *I Am Responsible*

20 DÉCEMBRE

« En souvenir d'une fille — vaincue sauf une fois »

ARLINGTON, VIRGINIE, MARS 1947

———

« Je suis reconnaissante pour cette minute. Mon éternité s'y trouve peut-être. »

———

Extrait du livre *The Best of the Grapevine, Vol. 1*

21 DÉCEMBRE

« *Avez-vous déjà connu l'ivresse mentale ?* »

DAYTON, OHIO, AVRIL 1962

———

« Personne ne peut exprimer l'amour et s'apitoyer sur son sort en même temps; s'inquiéter pour les autres nous aide à voir à quel point nous nous trompions. »

———

22 DÉCEMBRE

« *La question de l'honnêteté* »

COFONDATEUR DES AA, BILL W., AOÛT 1961

« Nous ne pouvons évidemment pas
nous en remettre entièrement à nos amis
pour régler toutes nos difficultés.
Un bon conseiller ne pensera jamais à
notre place. Il sait que la décision
finale nous appartient. »

Extrait du livre *Le Langage du cœur*

23 DÉCEMBRE

« *Parlons de l'argent* »

COFONDATEUR DES AA, BILL W., NOVEMBRE 1957

———

« Notre mode de vie spirituel sera sauvegardé pour les générations à venir si, en tant qu'association, nous savons résister à la tentation d'accepter de l'argent de l'extérieur. Par contre, cette décision entraîne une responsabilité que tous les membres des AA devraient comprendre : nous ne pouvons pas lésiner quand le trésorier du groupe passe le chapeau. Nos groupes, nos régions et le mouvement tout entier ne pourront pas fonctionner s'il nous manque des services ou si nous n'assumons pas leur coût. »

———

Extrait du livre *Le Langage du cœur*

24 DÉCEMBRE

« L'apitoiement sur soi-même peut tuer »

KEY WEST, FLORIDE, FÉVRIER 1973

―――

« Est-ce que je veux vraiment (...) être amer, hostile, et plein de préjugés ? Est-ce là la personne que je désire être intérieurement ? Est-ce que je ne préfèrerais pas plutôt pardonner, être indulgent, comprendre ? L'apitoiement sur soi-même et le sentiment d'être maltraité, ces derniers sont-ils si précieux que je ne les échangerais pas pour mon amour propre ? »

―――

Extrait du livre *The Best of the Grapevine, vol. 1*

25 DÉCEMBRE

« *Les vœux de Noël* »

COFONDATEUR DES AA, BILL W., DÉCEMBRE 1970

———

« La gratitude est le plus beau sentiment
que nous puissions ressentir. »

———

Extrait du livre *Le Langage du cœur*

26 DÉCEMBRE

« *Une vision de l'avenir* »

COFONDATEUR DES AA, BILL W., JANVIER 1952

———

« Une vision claire de l'avenir
ne peut venir que d'un regard sincère
sur le passé. »

———

Extrait du livre *Le Langage du cœur*

27 DÉCEMBRE

« *La crainte d'être rejeté* »

VENICE, CALIFORNIE, OCTOBRE 1973

———

« Je persévère devant la défaite.
Je peux prendre le risque de faire face à
un rejet maintenant, car je n'ai plus
besoin de me sentir rancunier et déprimé
lorsque cela se produit. »

———

Extrait du livre *The Best of the Grapevine, Vol. 1*

28 DÉCEMBRE

« Avez-vous déjà connu l'ivresse mentale ? »

DAYTON, OHIO, AVRIL 1962

———

« Les émotions d'un alcoolique fluctuent
tout autant que la météo. »

———

Extrait du livre *The Best of the Grapevine, Vol. 1*

29 DÉCEMBRE

« ...Et apprendre »

ORANGE, CALIFORNIE, NOVEMBRE 1996

« En travaillant avec les autres, j'ai la chance d'être le témoin du miracle de la sobriété, de voir naître le pétillement du regard de ceux qui apprennent à parler le langage du cœur. »

Extrait d'un article du *AA Grapevine*

30 DÉCEMBRE

« *L'apitoiement sur soi-même peut tuer* »

KEY WEST, FLORIDE, FÉVRIER 1973

———

« En tant qu'alcooliques, lorsque nous buvions, nous avons tous fui la vie pour courir vers la mort. Lorsque nous sommes entrés chez les AA, le processus s'est inversé — nous nous abandonnons à la vie telle qu'elle est, au lieu d'essayer d'en faire ce que nous désirons qu'elle soit. »

———

Extrait du livre *The Best of the Grapevine, Vol. 1*

31 DÉCEMBRE

« *Ces dépressions, faites-en bon usage!* »

NEW YORK, NEW YORK, AOÛT 1948

―――――

« Il y a une tâche que nous pouvons accomplir correctement, et il n'y a rien qui puisse nous empêcher de l'accomplir si nous le désirons réellement. Il s'agit du travail que nous faisons sur nous-mêmes, en nous-mêmes. Pour cela, il faut nous débarrasser d'un grand nombre de fausses valeurs, d'ambitions irréalistes, de vieux ressentiments, pour les remplacer par des qualités que nous désirons : la gentillesse, la tolérance, l'amabilité. (...) Nous pouvons commencer à voir quelles sont les véritables valeurs de la vie, et elles sont bien différentes des rêves tordus et flous que nous avions. »

―――――

Extrait du livre *The Best of the Grapevine, Vol. 1*

LES DOUZE ÉTAPES

1. Nous avons admis que nous étions impuissants devant l'alcool — que nous avions perdu la maîtrise de notre vie.

2. Nous en sommes venus à croire qu'une Puissance supérieure à nous-mêmes pouvait nous rendre la raison.

3. Nous avons décidé de confier notre volonté et notre vie aux soins de Dieu tel que nous Le concevions.

4. Nous avons procédé sans crainte à un inventaire moral, approfondi de nous-mêmes.

5. Nous avons avoué à Dieu, à nous-mêmes et à un autre être humain la nature exacte de nos torts.

6. Nous étions tout à fait prêts à ce que Dieu élimine tous ces défauts.

7. Nous Lui avons humblement demandé de faire disparaître nos défauts.

8. Nous avons dressé une liste de toutes les personnes que nous avions lésées et nous avons consenti à réparer nos torts envers chacune d'elles.

9. Nous avons réparé nos torts directement envers ces personnes dans la mesure du possible, sauf lorsqu'en ce faisant, nous risquions de leur nuire ou de nuire à d'autres.

10. Nous avons poursuivi notre inventaire personnel et promptement admis nos torts dès que nous nous en sommes aperçus.

11. Nous avons cherché par la prière et la méditation à améliorer notre contact conscient avec Dieu tel que nous Le concevions, Lui demandant seulement de connaître Sa volonté à notre égard et de nous donner la force de l'exécuter.

12. Ayant connu un réveil spirituel comme résultat de ces étapes, nous avons alors essayé de transmettre ce message à d'autres alcooliques et de mettre en pratique ces principes dans tous les domaines de notre vie.

LES DOUZE TRADITIONS

1. Notre bien-être commun devrait venir en premier lieu ; le rétablissement personnel dépend de l'unité des AA.

2. Dans la poursuite de notre objectif commun, il n'existe qu'une seule autorité ultime : un Dieu d'amour tel qu'Il peut se manifester dans notre conscience de groupe. Nos chefs ne sont que des serviteurs de confiance, ils ne gouvernent pas.

3. Le désir d'arrêter de boire est la seule condition pour être membre des AA.

4. Chaque groupe devrait être autonome, sauf sur les points qui touchent d'autres groupes ou l'ensemble du Mouvement.

5. Chaque groupe n'a qu'un objectif primordial, transmettre son message à l'alcoolique qui souffre encore.

6. Un groupe ne devrait jamais endosser ou financer d'autres organismes, qu'ils soient apparentés ou étrangers aux AA, ni leur prêter le nom des Alcooliques anonymes, de peur que les soucis d'argent, de propriété ou de prestige ne nous distraient de notre objectif premier.

7. Tous les groupes devraient subvenir entièrement à leurs besoins et refuser les contributions de l'extérieur.

8. Le mouvement des Alcooliques anonymes devrait toujours demeurer non professionnel, mais nos centres de service peuvent engager des employés qualifiés.

9. Comme mouvement, les Alcooliques anonymes ne devraient jamais avoir de structure formelle, mais nous pouvons constituer des conseils ou des comités de service directement responsables envers ceux qu'ils servent.

10. Le mouvement des Alcooliques anonymes n'exprime aucune opinion sur des sujets étrangers ; le nom des AA ne devrait donc jamais être mêlé à des controverses publiques.

11. La politique de nos relations publiques est basée sur l'attrait plutôt que sur la réclame ; nous devons toujours garder l'anonymat personnel dans la presse écrite et parlée de même qu'au cinéma.

12. L'anonymat est la base spirituelle de toutes nos traditions et nous rappelle sans cesse de placer les principes au-dessus des personnalités.

LES ALCOOLIQUES ANONYMES

Le programme de rétablissement des AA est exposé dans son ensemble dans leur texte de base, le livre *Les Alcooliques anonymes* (connu sous le nom de Gros Livre), maintenant dans sa quatrième édition, ainsi que dans l'ouvrage *Les Douze Étapes et les Douze Traditions*, *Vivre... sans alcool*, et d'autres livres. De l'information au sujet des AA est également disponible sur le site web des AA : www.aa.org, ou vous pouvez écrire à :

Les Alcooliques anonymes
Box 459
Grand Central Station
New York, NY 10163

Pour des ressources locales, vérifiez votre annuaire téléphonique local sous « Alcooliques anonymes. » Quatre brochures, « Voici les AA », « Les AA sont-ils pour vous? », « Foire aux questions sur les AA », et « Un nouveau veut savoir... » sont également disponibles auprès des AA.

AA GRAPEVINE

Le AA Grapevine est le magazine mensuel international des AA, publié (en anglais) sans interruption depuis sa première parution en juin 1944. La brochure des AA sur le AA Grapevine décrit sa portée et son objectif de la manière suivante : « Étant une partie intégrale des Alcooliques anonymes depuis plus de soixante ans, le AA Grapevine publie des articles qui reflètent la diversité complète de l'expérience et de la pensée présentes au sein du Mouvement des AA. Aucun point de vue, aucune philosophie particulière ne domine ses pages, et pour sélectionner le contenu, l'équipe éditoriale se base sur les principes dictés par les Douze Traditions. » Le AA Grapevine publie également La Viña, le magazine papier hispanophone, qui sert la communauté de langue espagnole des AA.

En plus des magazines, AA Grapevine, Inc. produit également des livres en formats papier, électronique et audio, ainsi que d'autres articles. Il existe également un abonnement à Grapevine Online, qui inclut : cinq nouveaux récits chaque semaine, Audio-Grapevine (la version audio du magazine), Grapevine Story Archive (la collection entière des articles du Grapevine), et les numéros actuels du Grapevine et de La Viña en format HTML. Pour plus d'information sur le AA Grapevine, ou pour s'abonner à l'un de ces services, veuillez vous rendre sur le site web de la revue : WWW.AAGRAPEVINE.ORG, ou écrire à :

AA Grapevine, Inc.
475 Riverside Drive
New York, NY 10115

INDEX

INDEX